一流の革職人に学ぶ
極上の革財布

EXQUISITE LEATHER WALLET

STUDIO TAC CREATIVE

目 次
Contens

- 3 作例の紹介
- 8 松澤流 コバ磨きの基本
- 12 職人の選んだ 道具類

- 16 作品製作
  - 18 通しマチコインケース
  - 37 二つ折り財布
  - 71 三角マチロングウォレット
  - 95 通しマチロングウォレット
  - 135 ギャルソンロングウォレット

166 Shop Information kawacoya

▶P.018

通しマチコインケース
COIN CASE WITH THROUGH GASSET

カブセをホックで留めるタイプのベーシックなデザインのコインケースは、本体のテクスチャー加工と染色でオリジナリティを出しています

▶P.037

二つ折り財布
BI-FOLD WALLET

表面にシワ加工を施した革を使用することで、個性的な仕上がりを見せる二つ折り財布です。小銭入れとカード段は、左右を入れ替えて作ることもできます

▶P.071

三角マチロングウォレット
LONG WALLET WITH TRIANGULAR GASSET

カード段と札入れで構成される、薄手のロングウォレットです。本体を折り返してカード段の一部にするなど、シンプルなルックスを生み出すための構造が魅力です

▶P.095

通しマチロングウォレット
LONG WALLET WITH THROUGH GUSSET

フラップ付きのバイカーテイストのウォレットは、札入れ部分に通しマチが入る使いやすい構造です。また、本体は手染めで仕上げてあり、その風合いも魅力です

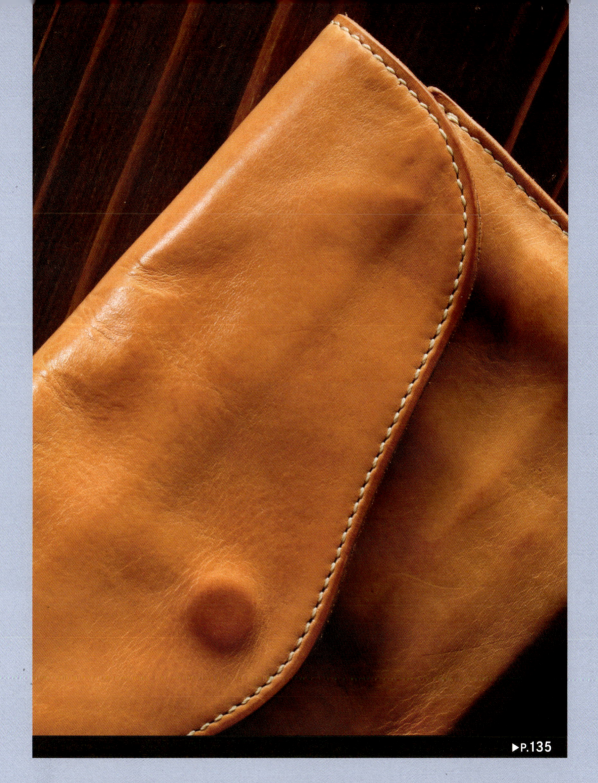

▶P.135

ギャルソンロングウォレット
GARCON LONG WALLET

大きく開くマチを持つ、カブセタイプのロングウォレットです。その構造の巧みさはもちろん、大胆なウォッシュ加工による、適度なヤレ感の演出も目を引きます

松澤流コバ磨きの基本

コバ磨きは、人によって使う道具や液剤が異なります。数とクオリティのバランスを取りながら、松澤氏がたどり着いたコバ磨きの基本を紹介します。

　年間数千個の製品を製作するというkawacoyaですが、コバの磨きに関して妥協はありません。革製品のコバは、美しく強いことが理想的であり、製品としてはその状態が長く続くことが望ましいと言えます。松澤氏が長い職人としての経験から導き出したのが、コバ磨きはお湯、CMC、トコノールで順に磨き、最後にロウを染み込ませるという方法です。

コバの面取りと成形

まずはコバの形を整えます。豆カンナで角を落として面取りをして、ヤスリで削って半円形にコバをを整えます。

01 加工前のコバです。部品を接着する際、ボンド層をできるだけ薄くするために部品の縁から5mm程まではプライマーを塗らないようにしているのがポイントです

02 厚みのあるコバの場合は、豆カンナを使って面取りします。薄いコバの場合は、ヤスリだけで面取りとコバの成形を行ないます。また、縫い合わせていないコバは、面取りしません

03 ヤスリでコバの形を整えます。断面が半円形になるようにします

面取りと成形を終えたコバの状態です。表面は繊維が毛羽立った状態で、表面を触るとザラザラとした状態です

04

お湯とCMCを使った磨き

始めにお湯を染み込ませて磨いてからCMCを塗って磨くことで、繊維が締まってコバを固く仕上げることができます。

コバを50℃程度の熱さのお湯で湿らせます。お湯で湿らすことで革の繊維を適度にふやけさせ、コバ加工をしやすくします

01

02 マイクロファイバーウエスで水分を拭き取りつつ磨き、その後ウッドスリッカーで磨きます。ウッドスリッカーで磨いたら、台の上に置いて表と裏からマイクロファイバーウエスで磨きます

03 コバをお湯で磨いたら、水で溶いたCMCをコバに塗ります

04 CMCを塗ったコバを、ウッドスリッカーの幅の合う溝で磨きます

05 台の上に置き、表と裏からマイクロファイバーウエスで磨きます

お湯を染み込ませて磨いた上から、CMCを塗って磨いた状態です。この段階でも充分きれいですが、さらに手を加えてクオリティを上げます

06

トコノールでの磨き

トコノールは天然ワックス成分を含む仕上げ剤なので、CMCよりも強く美しくコバを仕上げることができます。

CMCで磨いたコバに、トコノールを塗ります

01

トコノールを塗ったコバを、ウッドスリッカーを使って磨きます

02

続いて、マイクロファイバーウエスで軽くコバを磨きます

03

お湯、CMC、トコノールと三段階で磨いたことで、コバの表面がスムーズになり、形も整います

04

ロウの擦り込み

ロウをコバに直接当てて、擦り込みます。使用するロウは、手縫いの時に糸に擦り込むロウで構いません。

コバを磨くようにして、ロウをコバに擦り込みます

01

ロウをコバに擦り込んだ状態です。写真ではわかりにくいかもしれませんが、トコノールで磨いた段階よりもツヤが落ちます

02

ロウを染み込ませる

最後に熱でロウを熔かして、コバに染み込ませます。ロウを熔かすのには、マイペンαを使用します。

マイペンαを使って、コバに塗ったロウを熔かして染み込ませます。端革を使って温度を確認して、革を焦がさないように、温度と当てる時間に注意しましょう

01

ロウを染み込ませたコバです。使っているうちツヤが出てきます。また、最後にマイクロファイバーウエスで、力を入れすぎず軽く磨いても良いでしょう

02

11

職人の選んだ道具類

職人にとって、どんな道具を使うかということも製品のクオリティに関わる重要なファクターです。ここでは、自ら道具を考案するなど、道具に対しても深いこだわりを持つ松澤氏が、普段製作に使用している主な道具類を見せていただきます。

ウッドスリッカー

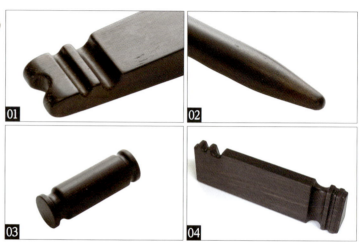

松澤氏が使用しているウッドスリッカーは、全てnijigami toolのアフリカンブラックウッド製です。SEIWAより「ウッドスリッカーPro」として¥13,800で販売されています

01Proのこだわりは先端の溝で、力をかけやすく作られています　02内側のコバなどを磨く際には、テーパーの付いた側を使います　03「ウッドスリッカーミニ」はシンプルな作業やコバケアに使用します。SEIWAより¥2,400で販売されています　04nijigami tool製の「ウッドスリッカーデルトイド」は、直線部分の磨きに向いたタイプです。¥8,000

レザークラフトクロス
（マイクロファイバーウエス）

丈夫でキメの細かい繊維を使ったクロスは、しっかりと摩擦を生みながら、表面をなだらかに仕上げます。SEIWAより¥1,000で販売中です

豆カンナ

コバの面取りに使用する豆カンナです。最適な削り具合になるように、刃の出具合いを調整してあります

ヤスリ

ヤスリは紙ヤスリよりも耐久性があり、削る速度も速いタジマ製のサンダーブロックを使用しています

CMC

基本のコバ磨き剤としてはCMCを使用します。規定の量で溶いて、小瓶などに入れて用意しておきます

トコノール

天然ワックス成分を含む、誠和製の仕上げ剤です。コバの仕上げ磨きに適しています

スポンジ刷毛

コバに液剤を塗る際に使用します。均等に広い範囲に塗れるので、作業効率が上がります

ロウ

コバに擦り込むロウは、手縫いの縫い糸のろう引きにも使用する、純白蝋です

マイペンα

ロウを熔かすのに使用するのは、温度の調節が可能な電気ペン「マイペンα」です

ワックス

表面の仕上げ用に使用しているワックスは、独自に調合した物です

ハイボン1500&プライマー

接着剤には高強度のハイボン1500を使用し、特に強度を出したい部分にはノーテープのプライマーを併用します

刻印

kawacoyaオリジナル「松」の刻印です。耐水性のインクと併用する場合もあります

6mm幅の治具＆カッター

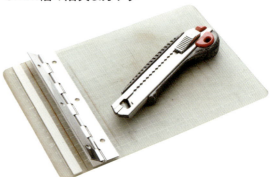

カッターは細かい部分の裁断に使用します。治具は、セットした革を丁度6mmの幅に裁断できるようになっています

打台

縫い目を叩く作業の際などに下に敷く、表面を革張りした金属製の板です

金床

打台として使用します。表面に薄手の革やフェルトを貼り、革に傷が付くのを防止しています

革包丁

部品の裁断や、長い直線部分などは、革包丁を使って作業します。しっかりと研いで、切れ味を確保しています

ハトメ抜き

穴をあけるハトメ抜きは、サイズ順にホルダーにセットしています

金槌

折りクセを付けたり、縫い目を落ち着かせるために叩くのに使用します

プラスチックハンマー

金槌で叩くとハトメ抜きが傷むため、ハトメ抜きを叩く際にはプラスチック製を使用します

ローラー

部品を接着した際に、表面にかけて圧着するためのローラーです

丸棒

曲げ貼りをする際などに使用する丸棒です。部品の大きさに合わせて、太さを使い分けます

カシメ機

先端のコマを付け替えることで、様々なサイズのホックやジャンパードットをカシメることができます

木槌・当て木・敷板

抜き型を使用する際に使用する道具類です。敷板の上に革を置いて抜き型を乗せ、抜き型の上に当て木を押して木槌で叩きます

ミシン

ミシンは上下送り、2倍釜タイプのJUKI製DSU-144Nを使用します

糸

縫製に使用する糸は、ミシン用糸として定評のあるビーモMBTの#8です

引き手の製作に使用するのは、ビニモダブルロー付の#0です

電気ペン

糸の始末に使用する、電池で作動する電気ペンです

染め道具

染料は主にオイルダイを使用しています。塗る道具はウールに加えて、コップの底に綿布を巻いた物を使用します

漉き機

部分漉きに欠かせない漉き機は、ニッピ製を使用

財布の仕立て方

ここからは、5種類の財布の仕立て方を、工程を追って解説していきます。プロの革職人ならではのポイントや技術、製作のヒントなども織り交ぜていくので、型紙どおりの製作だけではなく、より良い革製品作りの役に立つはずです。

通しマチコインケース

この通しマチタイプのコインケースのポイントは、本体の表面加工とマチの取り付けです。表面はヤスリを使って一定方向に傷を付けた上から、染料で染めることで木目のような雰囲気に仕上げています。わざとムラにするために、染色を1回だけにしているのも雰囲気を出すためのポイントです。使用している革は、生成りのオイルヌメです。

シンプルな「馬蹄形」コインケース

いわゆる「馬蹄形」と呼ばれるデザインのコインケースには、何種類かの構造があります。ここで紹介するコインケースは本体を折り返してカブセにして、ホックで留めるタイプです。シンプルなデザインですが、本体と前胴の間に通しマチを入れることで、充分な容量を確保しています。本体のテクスチャーと染色は、好みで省いても構いません。

01 本体はテクスチャー加工と染色を行ない、木のような質感に仕上げています　02 本体と前胴の間に入る通しマチは、本体よりも少し中に入るように設定し、耐久性を向上させています　03 ホックのゲンコは本体の裏部品に取り付けます

部　品

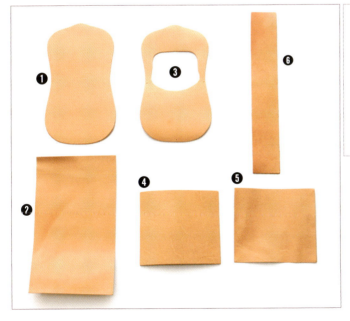

- ❶ **本体 表**：後胴とカブセが一体になった部品。1mm厚の革を使用
- ❷ **本体 裏貼り（粗裁ち）**：本体部品の裏側に貼る部品。0.5mm厚の革を使用
- ❸ **本体 裏**：本体の裏に合わせます。1.0mm厚の革を使用
- ❹ **前胴（粗裁ち）**：1mm厚の革を使用
- ❺ **前胴裏貼り（粗裁ち）**：0.5mm厚の革を使用
- ❻ **マチ**：本体と前胴の間に入る部品。0.8mm厚の革を使用
- ❼ **ホック ゲンコ**
- ❽ **ホック ホソ**
- ❾ **革ワッシャー**：ゲンコの裏側に来る部品。0.5mm厚の革使用
- ❿ **ホック バネ**
- ⓫ **ホック ハンシャ**

仕立ての手順

本体の加工

本体の表側はヤスリを使ったテクスチャー加工と、染色を行ないます。また、本体の裏貼りはカブセの開閉をスムーズにするために、曲げ貼りをします。

本体の表面加工

01 　裁断した本体の表側部品の表面に、テクスチャー加工と染色を施していきます

02 　本体表側部品のギン面に、軽くヤスリをかけて傷を付けます。傷は縦方向にのみ入れるようにします

ギン面に傷を付けた状態です

03

04 　傷加工をしたギン面を、染料で染めます。一回染めにして、染めムラを残した仕上げにします

05 　染料が乾いたら、乾いたウエスで表面を磨きます

COIN CASE WITH THROUGH GUSSET

06 | 磨いた表面にワックスを塗って、色止めをします

07 | 本体の表側はこのような状態になります。ここでは焦げ茶の染料で染めていますが、好みの色で構いません

本体の裏貼り

01 | 表面を加工した本体と、本体の裏貼り用の革を用意します。裏貼りの革は、0.5mm厚を使用します

02 | まず両方の部品の床面に、ノーテープのプライマーを塗ります。コバから5mm程度の幅の部分には塗らないようにします

03 | 本体、裏貼り共に、プライマーを塗った上からハイボンを薄く塗り広げます。ハイボンは端までしっかり塗ります

本体の加工

04 | ハイボンが半乾きになったら、まず半分を貼り合わせます

POINT

05 | 半分貼り合わせたら、90°程度に本体を曲げながら貼り合わせます。丸棒を使って、全面を貼っていきます

06 | 本体と裏貼りを貼り合わせたら、金槌で叩いて圧着します。表面に跡が残らないように、力加減に注意します

07 | しっかり圧着をしたら、本体の形に合わせて裏貼りを裁断します。革が薄いので、裁断にはカッターナイフが適しています

08 | 裏貼りを裁断した状態です。これで本体の表側部品の下準備は終了です

POINT

表面加工について

革の表面加工は、一度行なうと元には戻せません。初めて加工を行なう場合は、端革を使って練習しておくようにしましょう。

COIN CASE WITH THROUGH GUSSET

マチの加工

マチは縦に二つ折りにしてから、さらに両側辺を折り返して「W」型に折っておきます。しっかりと濡らした状態で加工して、乾かすことで形が定着します。

01 | マチは両側辺を10mm幅で半分程の厚みに斜め漉きします

02 | マチにスプレーで水を吹き付け、芯までしっかり湿らせます。革が柔らかくなるので、表面に傷を付けないように注意します

03 | ギン面が外になるように二つ折りにし、金槌で叩いて折りクセを付けます。その後1～2mm程山より深く両端を折り返します

04 | 両側を折り返したら、金槌で叩いて折りクセを付けます

マチの加工

05 折りクセを付けたら、マチの中心を測って印を付けます

POINT

06 印を付けた位置で指に乗せて、バランスが取れることを確認してみると良いでしょう

各部品の加工

本体裏部品と前胴を加工します。本体裏部品は口部分のコバ処理とゲンコ用の穴あけ、前胴は裏貼りとバネ用の穴あけを行ないます。

‖ 加工作業 ‖

01 本体裏部品にあけた口のコバに、CMCを塗ります

02 CMCを塗った口のコバを、ウッドスリッカーとマイクロファイバーウエスで磨いて仕上げます

03 粗裁ち状態の前胴部品の床面側に、実際の型よりもひと回り小さい範囲にノーテープのプライマーを塗ります

COIN CASE WITH THROUGH GUSSET

04 | 表裏両側の前胴部品の床面に、端までしっかりハイボンを塗ります

05 | ハイボンが半乾きの状態になったら、位置を合わせて前胴の表と裏を貼り合わせます

06 | 表裏の部品を貼り合わせたら、ローラーをかけてしっかり圧着します

表裏を貼り合わせた前胴部品を、型に合わせて裁断します。kawacoyaでは抜き型で抜いています

07

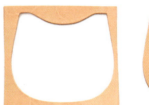

08 | 前胴を裁断した状態です。裏貼りの方が革が薄いので、表裏を間違えないように注意しましょう

09 | 前胴の型紙に合わせて、ホックのバネの取り付け位置を前胴の表側にけがきます

25

各部品の加工

10 | 本体裏部品にも型紙を当てて、ホックのゲンコの取り付け位置をけがきます

11 | 前胴は直径3.5mm、本体裏部品は直径2mmのハトメ抜きでホック部品の取り付け穴をあけます

各部品の二次加工

前胴はバネを取り付けて上辺を縫い合わせ、本体はゲンコを取り付けた裏側部品と貼り合わせます。バネの取り付け方向に注意しましょう。

01 | ホックの部品です。ここでは1mm厚の革ワッシャーを用意して、ゲンコ側に使用します

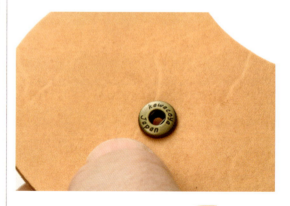

02 | 前胴の表側に、ホックのバネをセットします

COIN CASE WITH THROUGH GUSSET

POINT

03 | バネをセットする際は、内部の金属線が開く方向に揃うようにセットします

POINT

05 | ゲンコの裏に来るホソ（アシ）に、革ワッシャーをセットします。これはゲンコの周りを盛り上げる効果があります

04 | バネのウラ側からハンシャ（アタマの代わりをする、表面が平らな部品）をセットして、カシメて固定します

06 | 本体裏部品の床面側からホソをセットして、ゲンコと組み合わせてカシメて留めます

金具へのこだわり

通常のホックのバネは、写真右側のように文字の位置を合わせると金属線（実際にバネの役割をしている部品）が横を向きます。これは横方向にホックを外す衣類での使用を前提にしているためです。革製品の場合は上下の方向にホックを外すことが多いため、kawacoyaオリジナルのホックは、文字位置を合わせた時に金属線が縦になるように作られています。

07 | 本体裏部品と前胴に、ホックの部品を取り付けた状態です

27

各部品の二次加工

前胴上辺の縫い合わせ

01 前胴の上辺を縫い合わせます。両端は、4mm程縫わないようにします

02 前胴の上辺を縫い合わせた状態です。両端をあけてあるのは、マチの縫い目と交差するのを避けるためです

03 電気ペンを使って、糸を始末します

04 糸を始末したら、縫い目を金槌で叩いて革に食い込ませ、縫い目を落ち着かせます

05 上辺を縫い合わせたら、前胴に入る刻印を打ちます

06 上辺のコバにCMCを塗り、ウッドスリッカーで磨きます

07 ウッドスリッカーでコバを磨いたら、台の上に置いて表裏両面からマイクロファイバーウエスで磨きます

COIN CASE WITH THROUGH GUSSET

08 コバの上側からもマイクロファイバーウエスで磨いて、仕上げます

本体の貼り合わせ

02 本体表裏の端に、ハイボンを塗った状態です。ハイボンを半乾きの状態にします

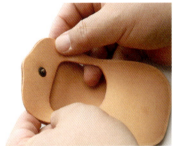

03 まずカブセの位置を合わせて、本体表裏の部品の上1/3程を貼り合わせます

04 次に下辺の位置を合わせて、下1/3程を貼り合わせます。裏側部品の方が短いため、裏側に曲がってきます

01 本体裏側部品のマチの貼り合わせ位置をヤスリで荒らし、表裏両方の床面の端全周に3mm幅でハイボンを塗ります

05 最後に本体を裏側に曲げながら、中央部分を貼り合わせます

29

各部品の二次加工

本体の仕立て

別々に製作した本体、前胴、マチを組み合わせて本体を仕立てます。前胴とマチを先に縫い合わせ、その後本体と貼り合わせて周囲を一周縫い合わせます。

前胴とマチの縫い合わせ

01 各部品を組み合わせて、仕立てていきます。まず前胴とマチを縫い合わせて、マチの長さを調整します

02 前胴裏側の上辺以外の端を、3mm幅で荒らしてからハイボンを薄く塗ります

03 マチ床面の片側だけ、縁から3mm幅でハイボンを塗ります

06 貼り合わせた部分を金槌で叩き、圧着します

POINT

開閉部の曲げ貼り

カブセなどの開閉部分は、曲げ貼りをすることで完成後の開閉をスムーズにしています。曲げ貼りをする時の目安として、貼り合わせた際に90°になるようにすると良いでしょう。

COIN CASE WITH THROUGH GUSSET

POINT

04 前胴とマチの中心の位置の印を合わせて、貼り合わせます。カーブ部分はマチを伸ばして、カーブに沿わせます

05 底の部分から口の部分(上辺)に向かってマチを貼っていきます

06 前胴とマチを貼り合わせたら、金槌叩いて圧着します

07 マチは元々長く設定しているので、中心で合わせるとこのように両側にはみ出します

08 マチのはみ出している部分を、前胴に合わせて裁断します。革包丁を使って、押し切りにすると良いでしょう

09 裁断したマチの断面部分にCMCを塗り、マイクロファイバーウエスで磨きます

POINT

10 カーブしている部分を縫いやすくするために、ミシンの押さえをカカトの無いタイプに交換します

本体の仕立て

11 | 口(上辺)の縁に二重に糸をかけて縫い始めます。周囲に沿って反対側まで縫ったら、コバに二重に糸をかけて縫い終えます

12 | 縫い終えたら、電気ペンで糸の始末をします

13 | マチを内側に折り込むようにして避け、縫い目を金槌で打って落ち着かせます

14 | マチと前胴を縫い合わせた状態です

本体の縫い合わせ

01 | マチと本体裏側のp.29の01で荒らした部分にハイボンを薄く塗り、片側の端から貼り始めます

02 | 反対側のマチの合わせ位置と、中央の印を合わせて本体とマチを貼っていきます

COIN CASE WITH THROUGH GUSSET

03 | カーブ部分はマチの革をのばしながら合わせていき、本体の形にぴったり合うように貼っていきます

04 | 本体とマチを貼り合わせたら、貼り合わせた部分を金槌で叩いて圧着します

07 | カカトの無いタイプの押さえを使用することで、細かいカーブなども縫いやすくなり、スムーズに縫い合わせることができます

05 | 本体とマチを貼り合わせると、コインケースの形になります

08 | 本体の周囲を一周縫い合わせた状態です

06 | 本体側は周囲を一周縫い合わせます。底の中央部分から縫い始めます

09 | 電気ペンを使って、糸の始末をします

33

本体の仕立て

仕上げ

最後に縫い合わせた部分のコバの形を整え、磨いて仕上げます。コバはお湯、CMC、トコノールで磨き、最後にロウを染み込ませて仕上げます。

10 | 表面に傷を付けないように注意しながら、縫い目を金槌で叩いて落ち着かせます

01 | ヤスリを使って、コバの面取りと成形をしていきます。マチに傷を付けないように注意しながら作業します

11 | コインケースの仕立て作業は終了です。縫い合わせた部分のコバを仕上げていきます

02 | ヤスリで成形したコバは、このような状態になります

COIN CASE WITH THROUGH GUSSET

03 | コバをお湯で湿らせます

お湯で湿らせたコバを、マイクロファイバーウエスで磨きます。コバの状態によって、ウッドスリッカーでの磨きから始める場合もあります

04

05 | ウッドスリッカーで磨きます。力を入れ過ぎるとコバが開いてしまうので、力加減に注意しましょう

06 | 台の上に置いて、マイクロファイバーウエスで表裏からコバを磨きます

07 | 次にCMCをコバに塗り、マイクロファイバーウエスとウッドスリッカーを使って磨きます

35

仕上げ

08 | コバをCMCで磨いたら、さらにその上からトコノールを塗ります

12 | コバにロウを擦り込んだら、マイペンαでロウを熔かして染み込ませます

トコノールをコバに塗ったら、ウッドスリッカーで磨きます
09

13 | コバにロウを染み込ませたら、マイクロファイバーウエスで軽く磨いてコバを仕上げます

10 | ウッドスリッカーで磨いたら、マイクロファイバーウエスでさらに軽く磨きます

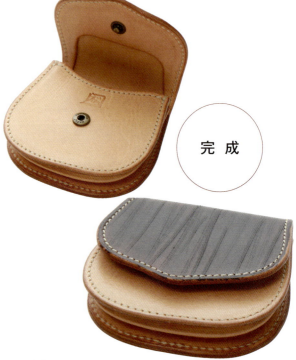

完 成

11 | トコノールで磨いたコバに、ロウを擦り込みます

14 | 完成です。表面のテクスチャーや色などを変えることで、バリエーションを楽しむことができます

36

二つ折り財布

表側にシワ加工をした革を使用することで、個性的な表情を生み出す二つ折り財布です。仕切りと本体のサイズを少しずつ変えることで、貼り合わせた時に90°程度に開いた状態になるように設計されています。

コンパクトで機能的な二つ折りタイプ

　仕切りを2枚入れることで、コンパクトでありながら使い勝手の良いデザインの二つ折り財布です。作例では左に小銭入れ、右にカード段を配置していますが、カード段基礎を反転して切り出すだけで左右を入れ替えることができます。また、両側をカード段にすることもできるので、バリエーションを変えて製作してみても良いでしょう。

01 仕切りが二枚入ることで、お札やレシートなどを効率的に分けることができます　02 小銭入れには大きなマチが入るので、口が大きく開いて小銭の出し入れが楽にできます　03 カード段は3段で、基礎の裏側にも薄いものを入れることができるスペースがあります

部　品

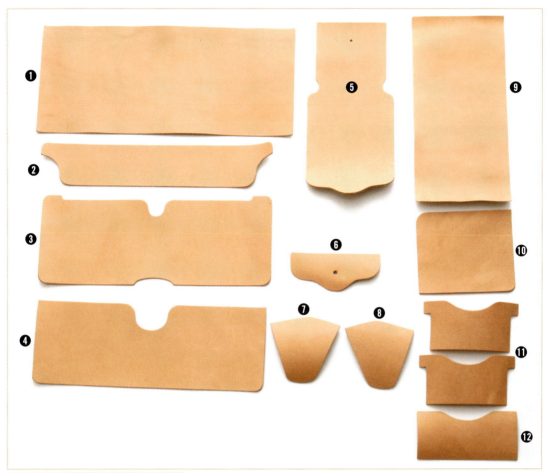

❶ **本体 表**：粗裁ちで用意し、加工後に裁断します。1.0mm厚の革を使用

❷ **見付**：本体の裏側に貼る部品です。1.0mm厚の革を使用

❸ **仕切り1**：本体と仕切りの間に挟む形で取り付けます。1.0mm厚の革を使用

❹ **仕切り2**：小銭入れとカード段を取り付けます。1.0mm厚の革を使用

❺ **小銭入れ 表**：小銭入れの本体です。1mm厚の革を使用

❻ **カブセ 裏**：小銭入れのカブセ部分の先端に貼り合わせます。1.0mm厚の革を使用

❼ **マチ 左**：小銭入れの左側に付くマチです。1.0mm厚の革使用

❽ **マチ 右**：小銭入れの右側に付くマチです。1.0mm厚の革使用

❾ **小銭入れ裏貼り**：小銭入れ本体の裏に貼ってから裁断します。0.5mm厚の革を使用

❿ **カード段 基礎**：カード段のベースになる部品です。1.0mm厚の革を使用

⓫ **カード段 中**：カード段の上2段になる部品です。1.0mm厚の革を使用

⓬ **カード段 下**：カード段の一番下になる部品です。1.0mm厚の革を使用

⓭ **ホック ゲンコ**

⓮ **ホック ホソ**

⓯ **革ワッシャー**：バネの裏側に来る部品。0.5mm厚の革を使用

⓰ **ホック バネ**

⓱ **ホック ハンシャ**

仕立ての手順

本体表革の加工

粗裁ち状態の本体表用の革を濡らしてシワ加工し、表面を染めます。シワの入れ方や染具合で雰囲気が変わるので、端革を使ってテストしておきましょう。

シワ加工と染色

01　粗裁ちした本体表の革にスプレーなどを使って水をかけ、芯までしっかり湿らせます

02　しっかり湿らせた革を軽く絞るような感じにして、全体にシワを寄せます

03　バランス良くシワが寄ったら、シワが伸びないように革を広げて乾かします

04　革が乾いたら、染料で革の表面を染めます。均一に染めないで、「ムラ感」を残した染め具合いにします

05　染料が完全に乾いたら、表面を乾いた布で磨きます。磨くことで、色落ちがしにくくなります

小銭入れの製作

小銭入れを製作します。まず仕立ての前に仕上げるコバを仕上げ、本体の裏貼り、ホックの取り付け、マチの取り付けという手順で進めていきます。

コバ仕上げ1

01 小銭入れの部品を用意して、先に仕上げておかなければならないコバを確認します

02 ここで仕上げるコバはCMCだけで磨くので、まずカブセの裏側部品のコバに、CMCを塗ります

03 CMCを塗ったコバを、ウッドスリッカーで磨きます。コバを潰してしまわないように、力加減に注意しましょう

04 ウッドスリッカーで磨いたコバを、マイクロファイバーウエスで、表裏両面から磨きます

05 マチの上辺と、後ろ側になる辺をCMCで仕上げます。後ろ側になる辺は、裏側からは磨きません

06 コバを仕上げた状態です。ここでお湯を使わないのは、薄い部品の場合は革が柔らかくなり過ぎてしまうためです

小銭入れの製作

小銭入れの裏貼り

01 小銭入れ本体と裏貼りの革のトコ面に、ノーテープのプライマーを塗ります。端から5mm程度には塗らないようにしましょう

02 プライマーを塗った上から、ハイボンを塗ります。ハイボンは薄く伸ばしながら、部品の端までしっかり塗ります

03 小銭入れの本体側もしっかり端までハイボンを塗り、乾かします

04 ハイボンが乾いたら、裏貼りからはみ出さないように口側の半分だけを貼り合わせます

05 口側を貼り合わせたら、90°を目安にして本体を折り曲げながら丸棒で押さえつつ裏貼りと貼り合わせます

BI-FOLD WALLET

06 空気が入らないように注意しながら、しっかりと本体と裏貼りを端まで貼り合わせます

POINT

07 曲げ貼りで本体と裏貼りを貼り合わせると、このような状態になります

08 前面を貼り合わせたら、ローラーをかけて小銭入れ本体と裏貼りを圧着します

09 端の部分は特にしっかり貼り合わせておきたいので、革が伸びない程度の力で金槌で打って、圧着します

10 本体の形に合わせて、裏貼りの余分な部分を裁断します。細かい裁断作業には、カッターナイフを使います

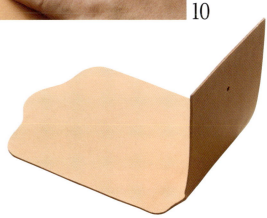

11 小銭入れ本体の裏貼りが終わった状態です

口部分の縫い合わせ

01 小銭入れ本体のカブセ部分にカブセの裏部品を当てて、取り付け位置の目安となる線を引きます

02 01で引いた線の部分まで、カブセ部分の裏側にヤスリをかけて荒らします

小銭入れの製作

03 | 型紙にあるマチの取り付け位置の印を、小銭入れ本体の裏側に写します

0.3で付けた印から窪みの部分までを、3mm程の幅で荒らします

04

05 | 小銭入れの口部分を縫い合わせます。両端は2目返し縫いをしています

06 | 縫い始めと縫い終わりの糸を、電気ペンを使ってカットします

07 | 縫い目を金槌で叩いて糸を革に食い込ませ、縫い目を落ち着かせます

08 | 口部分のコバにCMCを塗り、ウッドスリッカーとマイクロファイバーウエスで磨いて仕上げます

BI-FOLD WALLET

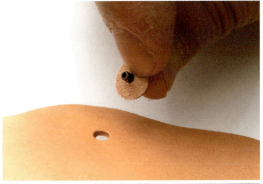

09 | 口部分のコバを仕上げた状態です。革が薄いため、面取りをせずに磨きだけで仕上げておきます

ホック部品の取り付け

01 | 直径3.5mmのハトメ抜きで、本体の裏貼り側にホックの取り付け穴を貫通させます

02 | カブセの裏側部品のトコ面側を、奥側（直線側）の辺から10mm幅で斜めに漉きます

04 | ホソ側に0.5mm程の厚みの革ワッシャーを入れて、カブセの裏側部品にゲンコを取り付けます

03 | カブセの裏側部品を漉いた状態です

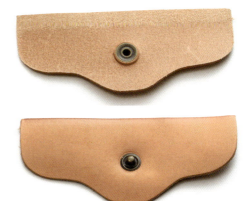

05 | カブセの裏側部品にゲンコを取り付けた状態です。ギン面側にゲンコが来るのが正しい取り付け方向です

小銭入れの製作

各部品の縫い合わせ

01 写真のように8mmずらして、マチを縦に折ります。写真は左のマチで、右のマチは反対側に折ります

マチを折ったら、金槌で叩いて折り目をしっかり付けます

02

06 小銭入れ本体に、バネを取り付けます。バネは内部の金属線が、開く方向に対して縦になるように取り付けます

03 左右のマチは、このような状態に折っておきます

07 小銭入れ本体に、バネを取り付けた状態です

カブセの裏部品と、本体の取り付け位置にノーテープのプライマーを塗ります

04

BI-FOLD WALLET

05 | カブセの裏側部品の床面に、ハイボンを薄く塗り広げます

09 | マチの前に来る側（折り目からの幅が狭い方）の床面に、端から3mm幅でハイボンを塗ります

06 | 本体のカブセ部分にも、ハイボンを薄く塗り広げます

10 | 各部品に塗ったハイボンを、半乾きにします

07 | 先に荒らしておいたマチの取り付け部分は、プライマー無しでハイボンを塗ります

11 | マチの上辺を小銭入れの口に合わせて、コバが揃うように貼り合わせます

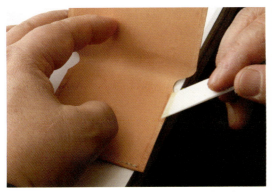

08 | 反対側のマチの取り付け位置にも、ハイボンを塗ります

12 | カブセの裏側部品を、本体と貼り合わせます

47

各部品の下加工

13 ホックのゲンコを避けて、伸びたり跡が残ったりしない強さで金槌で叩いて圧着します

14 マチの接着部分も、金槌で叩いて圧着します

15 両側のマチとカブセの裏側部品を貼り合わせた状態です。マチの片側は、この段階ではまだ貼りません

16 口の部分から反対側の口の部分まで、小銭入れの周囲を縫い合わせます。縫い始めの口の部分には、糸を二重にかけます

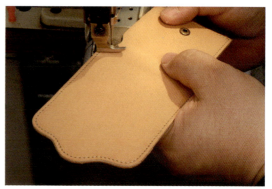

17 周囲を縫い合わせたら、縫い始めと縫い終わりの糸を電気ペンでカットして始末します

POINT

18 口部分は両側（縫い始め側と縫い終わり側）に、このように二重に糸がかかります

BI-FOLD WALLET

19 縫い目を金槌で叩いて、縫い目を落ち着かせます。革に跡が付かないように、力加減に注意しましょう

20 縫い合わせた部分のコバをヤスリで面取りし、お湯で湿らせてからウッドスリッカーで磨きます

21 お湯で湿らせて磨いたらCMCを塗り、ウッドスリッカーとマイクロファイバーウエスで磨きます

小銭入れの製作

22　小銭入れをここまで仕上げたら、一旦置いて他の部品の製作を行ないます

カード段の製作

この二つ折り財布のカード段は、三段タイプです。ここでは、2枚のカード段中の下辺と、左側面を縫い合わせる所まで作業を進めます。

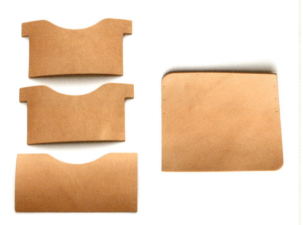

01　カード段の構成部品です。カード段中とカード段下の上辺のコバを、仕立てる前に仕上げておきます

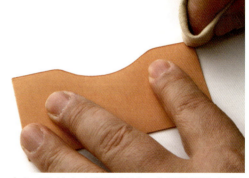

02　カード段中とカード段下の上辺のコバにCMCを塗り、ウッドスリッカーとマイクロファイバーウエスで磨いて仕上げます

BI-FOLD WALLET

03 | カード段基礎の、カード段中とカード段下が貼り合わされる部分の縁から3mm幅を、ヤスリで削って荒らします

05 | カード段中の下辺（床面側）に沿って、3mm幅の両面テープを貼ります

07 | 取り付け位置に合わせて、上側のカード段中を基礎に貼り合わせます

08 | 基礎と貼り合わせたカード段中の下辺を、3mmの縫い代で縫い合わせます

04 | カード段中と、基礎の床面を漉き加工します。カード段中は下辺から20mm、基礎は下辺と右辺を10mm幅で漉きます

09 | カード段中の下辺を縫い合わせたら、電気ペンを使って糸処理をします

51

カード段の製作

10 | 糸処理をしたら、縫い目を金槌で叩いて落ち着かせます

12 | 2枚のカード段中を基礎と縫い合わせた状態です

13 | この二つ折り財布の場合、カード段下には刻印が入ります。刻印は、部品の状態で打っておきます

14 | 基礎の03で荒らしておいた部分に、ハイボンを薄く塗ります

11 | 2段目のカード段中も同様に貼り合わせて縫い、糸処理をしたら縫い目を金槌で叩いて落ち着かせます

15 | カード段中の袖の部分の床面にも、ハイボンを薄く塗ります。塗る幅は、縁から3mm程度です

BI-FOLD WALLET

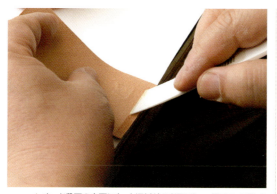

16 | カード段下の床面にも、上辺以外の3辺に3mm幅でハイボンを薄く塗ります

18 | 貼り合わせた部分を、金槌で叩いて圧着します

19 | カード段下を、基礎の形に合わせて裁断します

20 | カード段の基礎に、3枚のカード段を取り付けた状態です

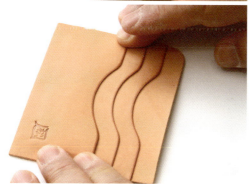

17 | ハイボンが半乾きになったら、カード段中の袖部分を基礎に貼り合わせ、さらにカード段下を基礎に貼り合わせます

21 | 3枚のカード段を基礎に取り付けたら、カード段の左側辺のみ縫っておきます

カード段の製作

22 左側辺を縫ったら、電気ペンで糸を始末します

23 縫い目を金槌で叩いて、落ち着かせます

24 縫い合わせた左側辺のコバを、ヤスリで面取りします

25 面取りをしたコバに、CMCを塗ります

26 CMCを塗った左側辺のコバを、ウッドスリッカーとマイクロファイバーウエスで磨いて仕上げます

内側部品の製作

先に製作した小銭入れとカード段を合わせて、本体の裏側に付く2枚の仕切りを加工していきます。手順を間違えると加工できない部分もあるので注意しましょう。

01 それぞれに仕立てた小銭入れとカード段を、仕切り部品と合わせていきます

BI-FOLD WALLET

02 仕切り1と仕切り2を用意します。外側に来る仕切り2に小銭入れとカード段を取り付けます

03 カード段と仕切り2に合わせて、型紙にある縫い始めの位置の印を写します

04 仕切り2に型紙を合わせ、小銭入れの取り付け位置を印します

05 04で印した位置で小銭入れを仕切り2に合わせ、底部分を縫い合わせる位置を確認します

POINT

05 背側に来る部分の内側に、05で確認した底部分の縫い合わせ目安線を引きます

06 小銭入れを形にした時に、マチの上辺が当たる部分に印を付けます

07 仕切り2のカード段の貼り合わせ位置を、ヤスリで削って荒らします

08 赤でマークした部分が、荒らしておくカード段の合わせ位置です

55

内側部品の製作

11 | 下辺の中央部分もCMCで磨いて仕上げます

09 | 仕切り2の、仕立て作業を行なう前に仕上げておくコバにCMCを塗り、ウッドスリッカーで磨きます

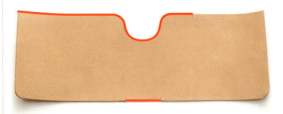

12 | 赤でマークした部分が、仕立ての前に仕上げておくコバです

13 | 仕切り1にも、仕立ての前に仕上げておくコバがあります。上辺の凹んでいる部分にCMCを塗ります

10 | ウッドスリッカーで磨いた部分を、マイクロファイバーウエスで磨いて仕上げます

14 | CMCを塗った部分のコバを、ウッドスリッカーで磨きます

BI-FOLD WALLET

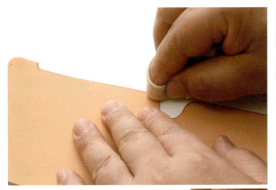

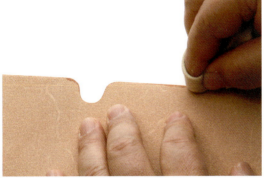

15 ウッドスリッカーで磨いたコバを、表裏両面からマイクロファイバーウエスで磨いて仕上げます

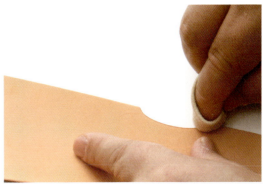

18 窪み部分のコバを、マイクロファイバーウエスで磨いて仕上げます

16 下辺の中央部分にある窪みのコバも、先に仕上げておきます。コバにCMCを塗ります

19 仕切り1と仕切り2の床面を漉き加工します

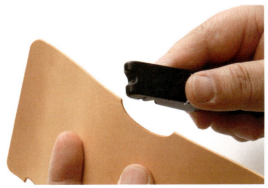

17 CMCを塗った窪み部分のコバを、ウッドスリッカーで磨きます

20 漉き加工が終わった仕切りです。仕切り2は右側（写真では床面なので左側）のみ漉き加工を行ないます

小銭入れの取り付け

02 | 小銭入れの底部分を仕切り2と縫い合わせると、このような状態になります

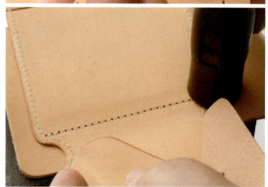

03 | 電気ペンで糸の始末をしてから、縫い目を金槌で叩いて落ち着かせます

01 | 小銭入れの背底辺と側辺に3mm幅の両面テープを貼り、仕切り2と貼り合わせて目安線を引いた底部分を縫い合わせます

04 | 底部分を縫い合わせたら、マチと一緒に側辺を縫い合わせていきます

BI-FOLD WALLET

05 マチと本体側のマチを合わせる部分にハイボンを塗り、マチの上辺を印に合わせて貼り合わせて金槌で叩いて圧着します

06 ネジ捻を使って、マチに3mm幅で縫い線を引きます

07 06で引いた縫い線に合わせて、マチを縫っていきます。底側は一目内側に向けて縫います

08 反対側のマチも同様に縫い合わせます

09 両側のマチを縫い終えたら、電気ペンで糸を始末します

59

内側部品の製作

10 糸を始末したら、縫い目を金槌で叩いて落ち着かせます

01 荒らしておいた仕切り2のカード段の貼り合わせ位置に、ハイボンを薄く塗ります

11 縫い目を落ち着かせたら、マチの部分のコバをマイクロファイバーウエスで磨いておきます

仕切り2のカード段の貼り合わせ位置に、ハイボンを塗った状態です
02

12 小銭入れの縫い付けはこれで完了です

03 カード段の床面側にも、仕切り2と合わさる位置にハイボンを塗ります

04 カード段の床面にハイボンを塗った状態です

BI-FOLD WALLET

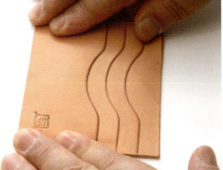

05 位置を合わせてカード段と仕切り2を貼り合わせ、金槌で叩いて圧着します

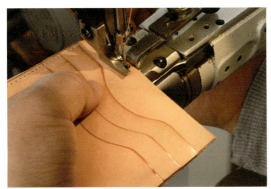

06 p.55の03で付けた印の位置の、右の端から5mm程度の位置までを縫い合わせます

07 縫い終えたら、電気ペンで糸を始末します

08 縫い目を金槌で叩いて落ち着かせます

09 縫い合わせた部分のコバにCMCを塗ります

CMCを塗ったコバを、ウッドスリッカーで磨きます

10

内側部品の製作

11 最後にマイクロファイバーウエスで磨いて仕上げます

12 カード段を取り付けた状態です

13 小銭入れとカード段を取り付けた状態です

POINT

小銭入れとカード段

仕切り2は左右対称にできているので、小銭入れとカード段の位置を入れ替えて作ることも可能です。ただしその際は、カード段基礎は、型紙を反転して切り出してください。

本体表の仕立て

シワ加工して染色した本体の表革を型紙に合わせて裁断し、見付と縫い合わせます。見付と本体は軽く曲げ貼りするようになっています。

01 シワ加工をして染めておいた本体の表を、型紙に合わせてカットします。kawacoyaでは抜き型を使って裁断します

BI-FOLD WALLET

02 | 表の部品を本体のサイズに裁断した状態です。裁断してから加工すると、縮んでしまうので注意しましょう

05 | マイクロファイバーウエスで磨いて、コバを仕上げます

03 | 本体の下辺側の中央部分のコバを、40mm程の幅で仕上げて置きます。まずCMCを塗ります

06 | 見付と本体を用意します

04 | CMCを塗ったコバを、ウッドスリッカーで磨きます

07 | 本体を裏側にして、上辺から10mm幅でハイボンを塗ります

63

本体表の仕立て

08 | 見付のウラ側も、上辺から10mm幅でハイボンを塗ります

12 | 本体と見付を貼り合わせたら、金槌で叩いて圧着します

09 | 本体と見付にハイボンを塗った状態です。ハイボンを半乾きにします

10 | 本体と見付を貼ります。両側の端を最初に貼り合わせます

POINT

11 | 見付の方が少し短く設定されているので、本体を内側に軽く曲げながら貼り合わせていきます

13 | 両端を18mmあけて、本体と見付を上辺で縫い合わせます

BI-FOLD WALLET

17 CMCを塗ったコバを、ウッドスリッカーとマイクロファイバーウエスで磨いて仕上げます

14 縫い終えたら糸を始末して、金槌で縫い目を叩いて落ち着かせます

18 見付の本体と縫い合わせていない端の部分に、ヤスリをかけて荒らします

15 上辺のコバにヤスリをかけて、面取りをします

16 面取りをしたコバにCMCを塗ります

19 ここまでの作業で3つの部品に集約されます。この3つを組み合わせていきます

65

各部品の縫い合わせ

それぞれに製作した部品を貼り合わせて、周囲を縫い合わせます。各部品を曲げ貼りするので、貼り合わせる際の手順に注意しましょう。

01 | 仕切り1の側辺と底辺（窪み部分を除く）部分のギン面側を、縁から3mm程ヤスリで荒らして貼り代を作ります

02 | 仕切り1の貼り代を荒らした状態です

03 | 本体の上辺以外の3辺と、p.65で荒らした見付の端に、ハイボンを薄く塗ります。下辺のセンター30mm程は塗りません

04 | センター部分を塗り残して、反対側の辺にもハイボンを塗っていきます

05 | 仕切り1の床面側の下辺と両側辺にも、ハイボンを塗ります

06 | 本体と仕切り1の床面同士を貼り合わせます。まず片側の辺を貼り合わせます

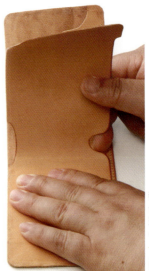

07 | 続けて、先に貼り合わせた辺側の底辺部分を貼り合わせます

BI-FOLD WALLET

POINT

08 次に反対側の側辺を貼り合わせます。仕切り1の方が本体よりも短いため、曲げ貼りをしていきます

09 底辺部分も貼り合わせたら、金槌で打って貼り合わせた部分を圧着します

10 p.66の02で荒らした仕切り1の貼り代に、ハイボンを薄く塗ります

11 小銭入れとカード段を取り付けた仕切り2の床面側も、底辺と両側辺(底辺の中央部分は塗らない)にハイボンを塗ります

12 本体と仕切り1の時と同様に、片側ずつ貼り合わせていきます

POINT

13 各部品のセンター部分はハイボンを塗っていないので、このように開いた状態になっています

14 貼り合わせた部分を金槌で叩いて、各部品を圧着します

各部品の縫い合わせ

15 ここまでの作業で全ての部品を組み合わせ、二つ折り財布の形になります

16 小銭入れ側から縫いはじめます

POINT

17 カード段側は厚みがあるので、縫い目のピッチを1メモリ上げて縫い合わせます

18 貼り合わせていない底辺のセンター部分は縫いません。縫い終えたら糸を処理し、縫い目を金槌で叩いて落ち着かせます

19 これで二つ折り財布の仕立て作業は完了です。コバを磨いて、仕上げていきます

BI-FOLD WALLET

仕上げ

コバの面取りと成形を行ない、お湯、CMC、トコノールで磨いてからロウを塗って仕上げます。コバ仕上げは、納得行くまで繰り返し作業しましょう。

01 縫い合わせた部分のコバに、豆カンナをかけて面取りします。削り過ぎないように、角度を合わせて慎重に作業しましょう

02 豆カンナで大まかにコバの面取りをしたら、ヤスリで削って表面をある程度まで整えます

03 ヤスリでコバの表面を整えたら、お湯でコバを湿らせます

04 お湯で湿らせたコバを、マイクロファイバーウエスで磨きます。必要があれば、ウッドスリッカーも併用します

05 お湯で湿らせて磨いたコバに、CMCを塗ります

06 CMCを塗ったコバをウッドスリッカーで磨きます

07 ウッドスリッカーで磨いた後、マイクロファイバーウエスで表裏両面から磨きます

仕上げ

08 CMCで磨いた上から、トコノールを塗ります

09 トコノールを塗ったコバを、ウッドスリッカーで磨きます

10 トコノールが乾く前に、マイクロファイバーウエスを使って軽く磨きます

11 縫い合わせた全てのコバを同様に、トコノールでの磨き作業まで行ないます

12 ウッドスリッカーとマイクロファイバーでの磨きは、コバの状態を見ながら納得する所まで繰り返し行ないます

13 トコノールが乾いたら、最後にコバにロウを擦り込みます

14 ロウをしっかり擦り込んだら、マイペンαで熱してロウを熔かし、コバに染み込ませます

完 成

15 完成です。カード段と小銭入れは、自分の使いやすいように取り付け位置を逆にしても良いでしょう

三角マチロングウォレット

三角マチやササマチと呼ばれるタイプのマチを札入れ部分に使用した、小銭入れの付かないタイプのロングウォレットです。シンプルなデザインですが、絶妙に組み合わされた各部品が機能美を感じさせるウォレットです。

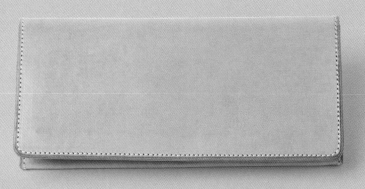

薄手ながら、高い収納力を持つ

小銭入れを廃した構造で、薄手な作りながらカードと札の収納力が非常に高いウォレットです。札入れ部分に三角マチを入れることで、開口部が広く開くようになり、容量も稼いでいます。10枚収納できるカード段は、本体の一部をカード段下にすることで、部品点数を減らしつつデザイン的なまとまりの良さも出しています。

三角マチが入る札入れは、広く開いて出し入れがしやすくなっています。本体表と本体裏の間にも、薄い物を入れることができるスペースがあります

部 品

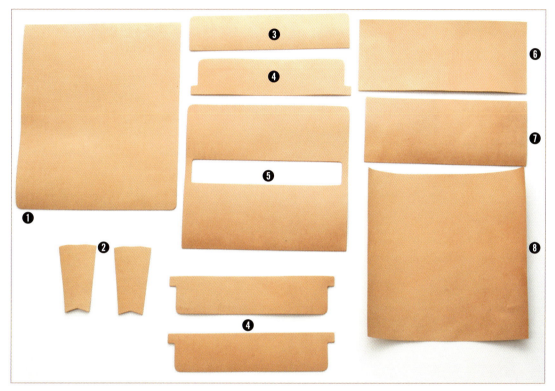

- ❶ **本体 表**：本体の部品は、1.0mm厚の革を使用します
- ❷ **マチ**：札入れ部分の三角マチです。1.0mm厚の革を使用します
- ❸ **カード段 下**：カブセ側の一番下に付くカード段です。1.0mm厚の革を使用します
- ❹ **カード段 中**：1.0mm厚の革から、3枚同じ物を切り出します
- ❺ **カード段基礎A**：本体裏側になる部品です。1.0mm厚の革を使用します
- ❻ **カード段基礎B 裏貼り**：0.5mm厚の革を使って、粗裁ち状態で用意します
- ❼ **カード段 基礎B**：前胴の一部も兼ねるカード段のベースになる部品です
- ❽ **本体 裏貼り**：本体の裏貼りは、0.5mm厚の革を使用します

仕立ての手順

各部品の下加工

部品の状態で仕上げておく必要のあるコバや、漉き加工を行ないます。また、札入れ部分のマチは、縦に三つ折加工しておきます。

各部品の表面処理

01 | 革の風合いを保つために、表側に出る部品のギン面にワックスを塗ります。まずは本体から

02 | カード段基礎Aも表面にしっかりワックスを塗ります

03 | 各カード段の表面にも、ワックスを塗ります

04 | 左右のマチにもワックスを塗っておきます

仕立て前のコバ処理

01 | 本体の下辺（直線にカットされている側）のコバに、CMCを塗ります

CMCを塗ったコバを、ウッドスリッカーで磨きます

02

ウッドスリッカーで磨いたら、マイクロファイバーウエスで磨いて仕上げます

03

LONG WALLET WITH TRIANGULAR GUSSET

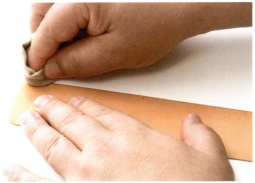

05 | 写真にマーキングしてある部分が、仕立て作業の前に仕上げておく必要があるコバです

漉き加工

04 | 各部品の仕立て前に仕上げていくコバにCMCを塗り、ウッドスリッカーとマイクロファイバーウエスで磨きます

01 | 漉き加工の必要な部品を、漉き機を使って漉いていきます

75

各部品の下加工

02 カード段中は下辺から30mm、マチは両側辺を10mm、カード段基礎Aは直線で裁断してある長辺を10mm、カード段基礎Bは下になる側を10mm幅で半分程度の厚みに斜め漉きします

刻印

01 本体の折り返してカード段になる部分（下辺）に刻印を打ちます

02 刻印の上が、下辺に向くのが正しい向きです。刻印を打つ場合は、向きを間違えないように注意します

マチの加工

01 スプレーなどを使って、マチを芯までしっかり濡らします

POINT

革を濡らしての加工

革を濡らして加工する際は、全面を均一に濡らさないと革の表面に染みが残ってしまうことがあります。特にここで使用しているナチュラルのヌメ革は、染みになりやすいので注意しましょう。

LONG WALLET WITH TRIANGULAR GUSSET

02 | ギン面を外にして、マチを縦に二つ折りにします

マチを二つ折りにしたら、金槌で叩いてしっかり折りクセを付けます

03

04 | 二つ折りにした山から側辺の縁が2mm程出るように、側辺を折り返します

05 | 側辺を折り返したら、金槌で叩いて折りクセを付けます

06 | もう片側の側辺も同様に折り返して、金槌で叩いて折りクセを付けます。マチは2枚とも同様に加工します

各部分ごとの仕立て

カード段と本体をそれぞれ仕立てていきます。2種類のカード段基礎にはそれぞれカード段を貼り合わせ、本体は裏貼り加工をします。

カード段の製作

01 | 3枚あるカード段中の下辺に、3mm幅の両面テープを貼ります

02 | カード段基礎Bの表側のカード段中の取り付け部分を、3mm幅で荒らします

77

各部分ごとの仕立て

03 | カード段基礎Aのマチと各カード段の取り付け位置も、端から3mm幅で荒らします

カード段基礎AとBの、各部品の取り付け位置を荒らした状態です

04

05 | カード段基礎AとBそれぞれに、一段目のカード段中を貼り合わせます

06 | 貼り合わせたカード段中の下辺を縫い合わせ、糸処理をしてから金槌で叩いて縫い目を落ち着かせます

本体裏の製作

01 | 本体裏側に型紙を合わせて、裏貼りの貼り合わせ目安の印を付けます

LONG WALLET WITH TRIANGULAR GUSSET

02 | 01で付けた印を繋いで、目安線を引きます。一番下辺側の線から下には、接着剤を塗りません

04 | プライマーを塗った面に、ハイボンを塗ります。ハイボンは端までしっかり塗りましょう

03 | 本体表裏部品の床面に、ノーテープのプライマーを塗ります。縁から5mm程には塗りません

POINT

05 | 本体と裏貼りは曲げ貼りするので、下辺から2番目の線の部分まで紙などで覆って、その下の部分だけ貼ります

79

各部分ごとの仕立て

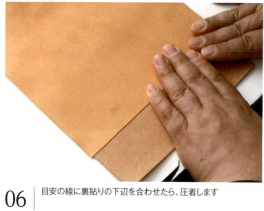

06 | 目安の線に裏貼りの下辺を合わせたら、圧着します

08 | 中が浮かないよう端から空気を出すようにして、上辺まで裏貼りを貼っていきます

09 | 本体に裏貼りを貼った状態です

10 | 貼り合わせた部分にローラーをかけて、圧着します

07 | 下側部分を貼り合わせたら、紙を抜いて本体を90°程度に曲げた状態で裏貼りと貼り合わせます

11 | カード段基礎Bの表裏部品に、プライマーを塗ります

80

LONG WALLET WITH TRIANGULAR GUSSET

12 | プライマーを縫った上から、ハイボンを塗ります

13 | カード段基礎Bの表裏部品を貼り合わせます

14 | 表と裏を貼り合わせたカード段基礎Bに、ローラーをかけて圧着します

15 | カード段基礎A側に付くカード段下を床面側にして、底辺と側辺の端から3mm幅にハイボンを塗ります

POINT

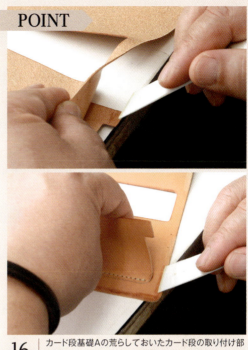

16 | カード段基礎Aの荒らしておいたカード段の取り付け部と、先に取り付けたカード段中の袖にハイボンを塗ります

17 | カード段基礎Aに取り付けたカード段中の袖部分を基礎に圧着します

18 | カード段中の袖を基礎Aに貼ったら、カード段下をその上から貼ります

各部分ごとの仕立て

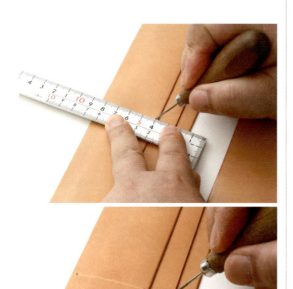

21 | 本体の裏貼り加工が終わった状態です。裏貼りしていない部分は折り返してカード段の一部になります

カード段基礎Aは、縫い線を引いた部分を縫い合わせて、カードの仕切りを作ります

22

19 | カード段基礎Aに貼ったカード段の中央に、縫い線を引きます

23 | カード段基礎Bは、上辺を縫い合わせて、カード段中を2枚縫い合わせます

カード段の製作

20 | カード段基礎Bと本体を表側にして置いて、はみ出している裏貼りを裁断します

01 | 表裏の部品を貼り合わせたカード段基礎Bの上辺を、両端4mm程あけて縫い、糸の始末後に縫い目を落ち着かせます

82

LONG WALLET WITH TRIANGULAR GUSSET

02 | カード段基礎A側に引いた線に合わせて縫い、糸の始末をしたら金槌で叩いて縫い目を落ち着かせます

03 | 縫い合わせたカード段基礎Bのコバに、CMCを塗ります

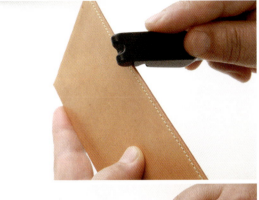

04 | CMCを塗ったコバを、ウッドスリッカーとマイクロファイバーウエスで磨いて仕上げます

05 | カード段基礎Bに、カード段中を2枚取り付けます

06 | 一段目のカード段中を、取り付け位置（上辺から12mm下）に合わせて貼り合わせます

各部分ごとの仕立て

07 　一段目のカード段中の底辺を縫い合わせて糸の始末をした後、金槌で縫い目を叩いて落ち着かせます

09 　二段目のカード段中の底辺を縫い合わせ、糸の始末と縫い目の処理を行ないます

08 　一段目のカード一段中に合わせて、二段目のカード段中を貼ります

10 　カード段基礎Bに、二段のカード段中を取り付けた状態です

LONG WALLET WITH TRIANGULAR GUSSET

11 | マチをカード段基礎Bに合わせて、長さを切り揃えておきます

12 | 本体のカード段基礎Aの取り付け部分（裏貼りをしている部分）の端から3mmを、ヤスリで荒らして貼り代を作ります

13 | 本体の上辺側も荒らしていきます。荒らすのは側辺と上辺だけで、底辺部分は貼らないので荒らしません

14 | カード段基礎Bのカード段の取り付け部と、カード段中の袖、そして本体の裏貼りしていない部分の端にハイボンを塗ります

85

各部分ごとの仕立て

POINT

15 袖部分を基礎に貼り合わせ、本体の裏貼りしていない部分がカード段下になるように貼り合わせます

16 貼り合わせたカード段のセンターに縫い線を引いて、縫い合わせます。縫い終わったら、電気ペンで糸を始末します

LONG WALLET WITH TRIANGULAR GUSSET

17 縫い目を金槌で叩いて落ち着かせます

03 カード段基礎Aを床面にして、底辺以外の3辺の端に、3mm幅でハイボンを塗ります

仕立て

別々に仕立てた部品を組み合わせて、仕立てます。カード段基礎Aは本体の裏側部品となり、本体の下側部分は折り返してカード段の一部になります。

本体とカード段Aの貼り合わせ

04 マチの片側(カード段基礎Bに接着する側)にも、ハイボンを塗ります

01 p.86の15で本体と貼り合わせたカード段基礎Bの裏側の側辺を、端から3mm幅でヤスリで荒らします

05 本体とカード段基礎Aを貼り合わせます。カード段基礎Bとの間に5mm間隔をあけて、下側の部分から貼ります

02 p.85の12・13で荒らした本体裏側の貼り代に、ハイボンを塗ります

06 下側を先に貼ってから、上辺を合わせて上側を貼り合わせます

87

仕立て

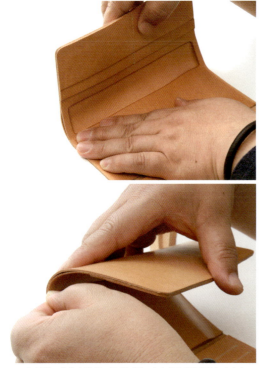

07 | 最後に本体を強めに曲げながら、中央部分を貼り合わせます

09 | 貼り合わせた部分を金槌で叩いて圧着します。ここまでの作業で全ての部品が組み合わされます

本体とカード段Bの縫製

08 | カード段Bの裏側に、マチを貼り合わせて圧着します

01 | カード段基礎Bの両側辺を、印まで縫い合わせます

LONG WALLET WITH TRIANGULAR GUSSET

02 | 両側辺を縫い合わせたら糸を始末し、縫い目を金槌で叩いて落ち着かせます

03 | カード段基礎Bの両側辺を縫い合わせたことで、マチの片側が本体と縫い合わされます

本体外周の縫製

01 | マチと縫い合わせたカード段基礎Bのコバを豆カンナとヤスリで成形し、CMCを塗って磨いておきます

89

仕立て

02 | CMCを塗って、マイクロファイバーウエスで磨く所まででこの部分のコバ処理は止めておきます

03 | まだ縫い合わせていないマチと、マチを貼り合わせる部分にハイボンを塗ります

04 | 反対側のマチとその合わせ面にもハイボンを塗ります

05 | カード段基礎B部分で本体の下辺部分を折り曲げて、マチを本体と貼り合わせます

LONG WALLET WITH TRIANGULAR GUSSET

06 マチの下側の端部分まで、コバの位置がずれないようにしっかり貼り合わせます

07 マチの位置を合わせて貼り合わせたら、モデラなどを使って内側から押さえて圧着します

金槌で叩ける部分は、金槌で叩いて圧着します

08

周囲の縫い合わせ

POINT

01 押さえはカカトの無いタイプを使用します

02 マチ部分は奥までミシンでは縫えないので、下側30mmあけた所から逆側までを縫い、縫い目を処理します

仕立て

03 | 周囲を縫い終えたら、仕立て作業はこれで完了です

本体側のマチは、このように下側30mmを縫っていません

04

仕上げ

縫い合わせた部分のコバを処理します。コバは豆カンナとヤスリで成形してから、お湯、CMC、トコノールで磨き、ロウを塗って仕上げます。

01 | 縫い合わせた部分のコバを豆カンナで面取りします。ギン面を傷付けないように注意しましょう

POINT

02 | マチの内側は豆カンナが入らないので、ヘリおとしを使って面取りをします

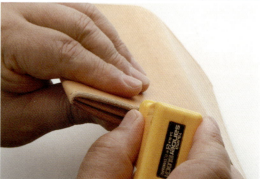

03 | 面取りをしたコバにヤスリをかけて、半円形になるように成形します。コバを成形したら、お湯で湿らせます

LONG WALLET WITH TRIANGULAR GUSSET

05 | コバ方向（断面側）からもマイクロファイバーウエスで磨き、ツヤのある仕上がりにします

06 | CMCでコバを磨いた状態です。CMCだけでも充分な仕上がりであることが分かります

04 | お湯で湿らせたコバをウッドスリッカーとマイクロファイバーウエスで磨き、CMCを塗ってさらに磨きます

07 | CMCで磨いたコバにトコノールを塗り、ウッドスリッカーで磨きます

仕上げ

08 ウッドスリッカーで磨いたら、マイクロファイバーウエスで軽く磨きます

12 コバにロウを染み込ませたら、最後にマイクロファイバーウエスで磨いて仕上げます

09 トコノールで磨いたコバは、CMCだけで磨いた時よりもよりスムーズになります

完　成

10 トコノールで磨いたコバに、ロウを擦り込みます。マチの表面にロウが付かないように注意します

11 ロウを塗ったコバに電気ペンを当てて、ロウを熔かしてコバに染み込ませます

13 完成です。他のアイテムを参考にして、本体にテクスチャ加工や、染加工をしてみても良いでしょう

通しマチロングウォレット

一般的にバイカーウォレットなどと呼ばれる、バックポケットに入れるウォレットです。札入れ部分に通しマチを入れて容量を確保し、開いた両面にカード段を配置して計8枚のカードを収納することができるようになっています。フラップの位置を本体の中央部分に変えると、女性でも使いやすいデザインになります。

美しい仕上がりの手染めもポイント

　このウォレットの本体表とフラップの表は、手染めによって染められています。これはカラーバリエーションなどを考えて量産する際は、生成りの革を必要な数に応じて染めて使用することで、余分な色革をストックする必要がなくなるという理由からです。この選択も、プロの職人ならではのものと言えるでしょう。

01 小銭入れにはファスナーが付き、札入れの内部にはカードポケットが付きます　02 フラップはジャンパードットのアタマを表と裏の間に挟み、シンプルなデザインに仕上げています

部 品

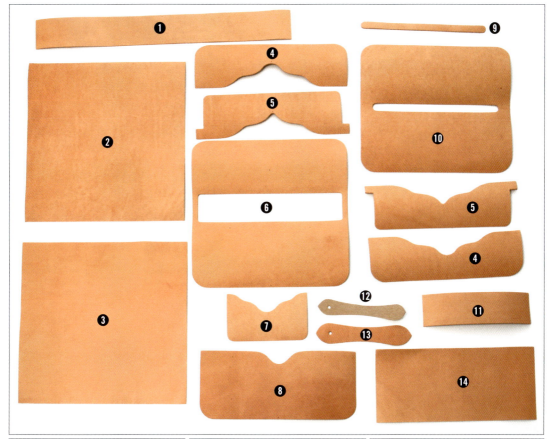

❶ **マチ**：札入れ部の通しマチです。1.0mm厚の革を使用します

❷ **本体裏貼り**：粗裁ち状態で用意します。0.5mm厚の革を使用します

❸ **本体 表**：粗裁ち状態で用意し、染色してから裁断します。1.0mm厚の革を使用します

❹ **カード段 下**：一番下に付くカード段です。1.0mm厚の革で、2枚用意します

❺ **カード段 中**：1.0mm厚の革から、2枚同じ物を切り出します

❻ **本体 裏**：カード段の基礎にもなります

❼ **カードポケット**：本体裏部品に取り付けます。1.0mm厚の革を使用します

❽ **仕切り**：本体裏とマチの間に入ります。1.0mm厚の革を使用します

❾ **引き手**：小銭入れの口部分を抜いた革を使用します

❿ **小銭入れ**：部分にファスナーを取り付け、二つ折りにします。1.0mm厚の革を使用します

⓫ **フラップ 表**：粗裁ちで用意して、染色してから裁断します。1.0mm厚の革を使用します

⓬ **フラップ 芯**：のり付芯材を使用します

⓭ **フラップ 裏**：1.0mm厚の革を使用します

⓮ **仕切り裏貼り**：0.5mm厚の革を使用します

⓯ **ジャンパードット ホソ**

⓰ **ジャンパードット ゲンコ**

⓱ **ジャンパードット アタマ**

⓲ **ジャンパードット バネ**

⓳ **ファスナー**：ファスナーは上止めと下止めの間を150mmで用意します

⓴ **丸カン**：直径5mm。引き手用です

仕立ての手順

本体表部品の加工

本体とフラップの表部品は、荒裁ちの状態で手染め加工します。このウォレットの場合は、染めムラが出ないように表面が均一な色になるように染めます。

手染め加工

01 コップの底に綿布を厚めに巻き付けた特製の染色道具に、染料をしっかり含ませます

02 染料を含ませた道具を染める本体の表革のギン面に当てて、小さく円を描くようにして染めていきます

03 このアイテムの場合ムラ無く染めたいので、色が均等になるまで何回か作業を繰り返します

04 フラップも本体と同様に、色が均等になるまで染め作業を繰り返します

05 染料が乾いたら、色止めと表面保護のためにワックスを全面に塗ります

LONG WALLET WITH THROUGH GUSSET

06 | フラップの表面にもワックスを塗り、最後に乾いたウエスで乾拭きしておきます

染めた部品の裁断

01 | 粗裁ち状態で手染めした本体部品を、型に合わせて裁断します。量産が必要なkawacoyaでは、抜き型を使用します

02 | 位置を合わせて抜き型を部品の上に置いたら、当て木の上を叩いて、部品を裁断します

03 | 本体部品を裁断した状態です

04 | フラップも同様に裁断します

05 | 本体とフラップの染色と裁断を終えた状態です

各部品の下加工

部品によっては、仕立て作業の前に加工しておく必要があります。仕立ててしまうと磨けないコバを仕上げ、厚みの調整が必要な部品を漉き加工します。

コバ仕上げと漉き加工

01 | 仕立て作業の前に仕上げておく必要があるコバを確認して、仕上げておきます

02 | カード段中の上辺にCMCを塗り、ウッドスリッカーで磨きます

03 | ウッドスリッカーで磨いたコバを、裏表両面からマイクロファイバーウエスで磨きます

04 | 小銭入れの口の部分にCMCを塗り、ウッドスリッカーとマイクロファイバーウエスで磨きます。端の部分は、細くなっているウッドスリッカーの先端を使用して磨きます

LONG WALLET WITH THROUGH GUSSET

05 | 本体裏側部品の口部分のコバも、小銭入れと同様にCMCを塗って磨きます

06 | カードポケットは、全周のコバを磨いておきます。CMCは一度に塗らずに、分けて作業していきます

07 | 何回かに分けて、カードポケットのコバを磨いて仕上げます

各部品の下加工

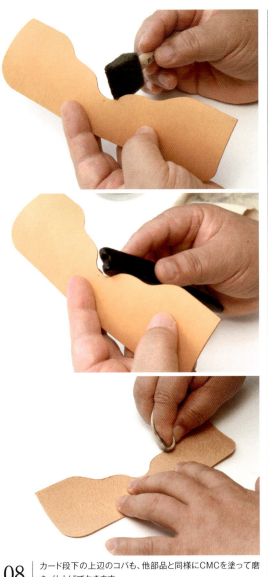

10 | カード段中とマチには、漉き加工を行ないます

08 | カード段下の上辺のコバも、他部品と同様にCMCを塗って磨き、仕上げておきます

11 | マチは両側辺から10mm、カード段中は底辺から20mm程の厚みに半分に斜め漉きします

09 | マーキングしてある部分が、仕立て前に仕上げておくコバです

ファスナーの取り付け

小銭入れの口部分に、ファスナーを取り付けます。ファスナーの引き手は革を使って製作した、オリジナルの物を取り付けます。

引き手の製作

01 | 引き手は小銭入れの口を抜いた部品から作ります

02 | 部品の幅を6mmにカットします。kawacoyaでは、専用の治具を使ってカットしています

03 | 6mm幅に裁断した部品を、二つ折りにします

04 | 二つ折りにした折り目を金槌で叩き、しっかり折りクセを付けます

05 | 好みの長さ（ここでは40mm）にカットして、先端10mmを斜めにカットします

06 | 直径1mmのハトメ抜きで、折り目から10mmの位置に穴をあけます

ファスナーの取り付け

07 | ここまでの作業で、部品はこのような形になります

08 | 部品に丸カンを通し、折り目の位置にセットします

09 | 部品を折り目で折ったら、糸を通した針をp.103の06であけた穴に通します

10 | 穴に糸を通したら、5cm程手前に残した状態で引き手に糸を巻き付け、最後の部分を結びます

LONG WALLET WITH THROUGH GUSSET

11 | 結び目を作ったら、このように巻いた糸の一番下に来るように整えます

14 | 糸の先をペンチなどを使い、強く引きます

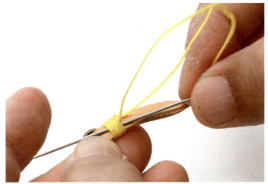

12 | 針を返して、引き手に巻き付けた糸の下に通します

15 | 糸を強く引いたことで、このように糸が引き手に食い込みます

13 | 針を通したら、糸をそのまま最後（糸が止まる所）まで引きます

16 | 糸を引き締めたら、2～3mm残してカットします

17 | 残した糸の先端をライターで炙って熔かします

105

ファスナーの取り付け

18 | 熔かした糸の先端を、モデラなどで押さえて潰します

21 | 引き手のコバをマイクロファイバーウエスで磨きます

19 | 引き手はこのような形になります

引き手はこれで完成です

22

ファスナーの取り付け

01 | ファスナーを小銭入れの口に取り付けていきます

POINT

20 | 引き手のコバにCMCを塗ります。丸カンの取り付け部分のコバも磨くので、CMCを塗ります

ファスナーのスライダーに、先に製作した引き手の丸カンをセットします

02

LONG WALLET WITH THROUGH GUSSET

03 | 引き手を通したら、ペンチでスライダーの取り付け部分の口を閉じます

両面テープの剥離紙を剥がします

06

04 | 引き手をファスナーに取り付けた状態です

07 | 位置を調整しながら、小銭入れの裏側にファスナーを貼り合わせます

05 | 5mm幅の両面テープを、ファスナーテープの端に合わせて貼ります

POINT

08 | 小銭入れの口の端と上止めとの間に、5mmあくようにファスナーをセットします

ファスナーの取り付け

09 | 端を5mmあけておくことで、実際に小銭入れを形にした時にスライダーの収まりが良くなります

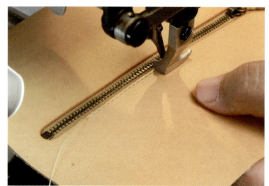

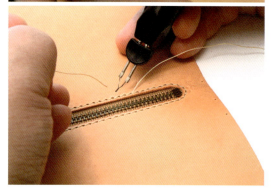

10 | 口の周りを一周縫い合わせ、縫い終わりの部分を3目重ね縫いをします。縫い終えたら電気ペンで糸を始末します

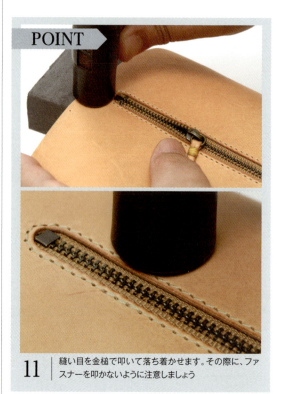

POINT

11 | 縫い目を金槌で叩いて落ち着かせます。その際に、ファスナーを叩かないように注意しましょう

各部品の製作

カード段、小銭入れ、マチ、本体といった各部品ごとに、構成する部品を組み合わせていきます。

各部品の下準備

01 | カード段中とカードポケットの床面に、仮留め用の3mm幅の両面テープを貼ります

108

LONG WALLET WITH THROUGH GUSSET

02 | カード段中の底辺と、カードポケットの上辺以外の3辺に両面テープを貼ります

03 | 印を付けた部分から下の、端から3mm幅をヤスリで荒らして貼り代を作ります

04 | マーキングした部分が、貼り代を荒らした部分です

カード段とポケットの取り付け

01 | 小銭入れの表側になる部分に、カード段中を貼り合わせます

本体裏部品に、カードポケットを貼り合わせます

02

各部品の製作

03 | 本体裏部品にも、カード段中を貼り合わせます

04 | カード段中の底辺と、カードポケットの3辺を縫い合わせます

05 | カード段中の糸を始末します

06 | カードポケットの糸を始末します

07 | 縫い目を金槌で叩いて、落ち着かせます

08 | 本体裏部品に、カード段中とカードポケットを縫い合わせた状態です

09 | 小銭入れにはカード段中だけを取り付けます

LONG WALLET WITH THROUGH GUSSET

10 | 小銭入れに取り付けたカード段中の袖部分に、ハイボンを塗ります

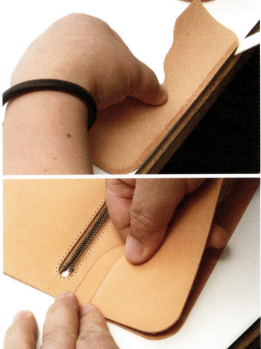

12 | 本体裏部品の貼り代にもハイボンを塗ります

POINT

11 | 小銭入れの貼り代、カード段下、本体裏部品に取り付けたカード段中の袖それぞれにハイボンを塗ります

13 | 先にカード段中の袖を貼り、その袖部分下辺に揃えて小銭入れにカード段下を貼り合わせます

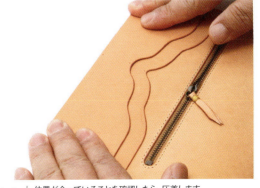

14 | 位置が合っていることを確認したら、圧着します

111

各部品の製作

15 | 本体裏部品側のカード段中の袖を貼り、小銭入れと同様にカード段下を貼り合わせます

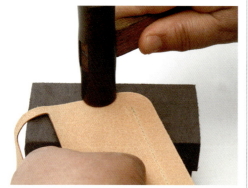

16 | 本体裏部品のカード段を貼り合わせた部分を、金槌で叩いて圧着します

17 | 小銭入れ側も、カード段を貼り合わせた部分を金槌で叩いて圧着します

18 | 部品を裏側にして、カード段中と下がはみ出しているようであれば切り揃えておきます

19 | カード段のセンターに縫い線を引きます

LONG WALLET WITH THROUGH GUSSET

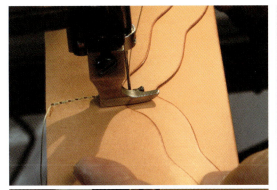

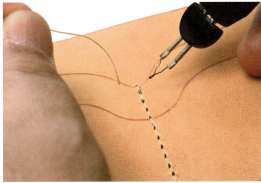

20 | 縫い線に沿ってカード段のセンター部分を縫い合わせ、糸の始末と縫い目の処理をします。本体裏側部品も同様に縫います

01 | 仕切りと裏貼りを貼り合わせます。裏貼りは粗裁ちの状態で用意し、貼り合わせた後で裁断します

02 | 仕切りの端を5mm残し、ノーテープのプライマーを塗ります。裏貼りにも、仕切りよりひと回り小さくプライマーを塗ります

03 | プライマーを塗った上から、ハイボンを塗ります。ハイボンは薄く伸ばしながら端までしっかり塗ります

各部品の製作

04 | 裏貼りを下にして、縁からはみ出さないように仕切りの位置を合わせて、仕切りと裏貼りを貼り合わせます

05 | 仕切りと裏貼りを貼り合わせたら、ローラーをかけて圧着します

06 | 仕切りと裏貼りを圧着したら、仕切りの形に合わせて裏貼りを裁断します

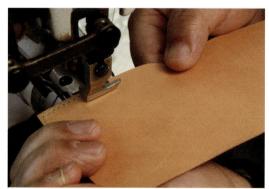

07 | 裏貼りを裁断したら、上辺を縫い合わせます。両端は4mm程縫わないようにしましょう

08 | 仕切りの上辺を縫い終えたら、電気ペンで糸を始末します

09 | 金槌で叩いて糸目を落ち着かせ、上辺のコバにCMCを塗ってウッドスリッカーとマイクロファイバーウエスで磨きます

LONG WALLET WITH THROUGH GUSSET

10 | 仕切りの表側に、カードポケットになる小銭入れとの縫い線を引きます

11 | 10で引いた縫い線の角に、丸ギリで裏側まで貫通する穴をあけます

12 | 11であけた穴を目安に、線の内側になるように仕切りの裏側に3mm幅の両面テープを貼ります

14 | 底辺と側辺の位置を合わせて、12で貼った両面テープで小銭入れと仕切りを貼り合わせます

13 | 小銭入れのカード段を取り付けていない側に、仕切りを取り付けます

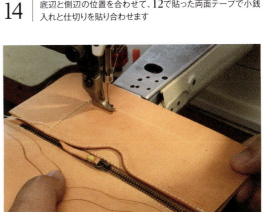

15 | 小銭入れと仕切りを貼り合わせたら、10で引いた縫い線に合わせて縫い合わせます

各部品の製作

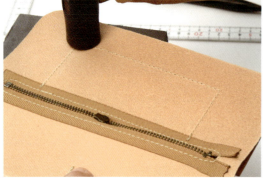

16 縫い合わせたら糸を始末し、縫い目を金槌で叩いて落ち着かせます

17 仕切りの底辺と側辺をヤスリで荒らして、マチとの貼り代を作ります

18 マーキングした部分が貼り代にするために荒らした部分です

19 小銭入れを仕立てる前に、刻印を打っておきます

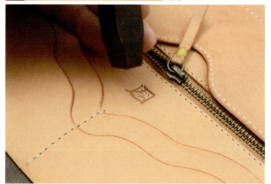

20 小銭入れを床面側にして、周囲に縁から3mm幅でハイボンを塗ります

LONG WALLET WITH THROUGH GUSSET

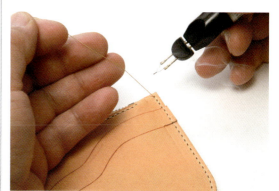

23 | 縫い終えたら電気ペンで糸を始末して、縫い目を金槌で叩いて落ち着かせます

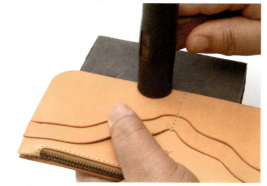

21 | ハイボンが半乾きになったら、小銭入れをファスナー部分で二つ折りにして貼り合わせて、金槌で叩いて圧着します

22 | 小銭入れを縫い合わせます。仕切りを一緒に縫ってしまわないように注意しましょう

24 | 縫い合わせた小銭入れ部分のコバを豆カンナで面取りし、ヤスリで形を整えます

各部品の製作

25 | コバの形を整えた状態です

26 | 形を整えたコバをお湯で湿らせてCMCを塗り、マイクロファイバーウエスで磨きます。ウッドスリッカーからでも構いません

27 | ウッドスリッカーも使用して、コバを磨いていきます

28 | 途中でCMCが乾いてしまった場合は、適宜塗りながら磨き作業を進めます。最後はマイクロファイバーウエスで仕上げます

小銭入れの仕立て作業は一旦終了です

29

マチの加工

01 | スプレーを使ってマチに水を吹き付けて、芯までしっかり濡らします

LONG WALLET WITH THROUGH GUSSET

02 | ギン面が表側になるように、マチを縦に二つ折りにします

06 | 反対側の側辺も同様に折り返します

03 | 二つ折りにしたマチを金槌で叩いて、折りクセをしっかり付けます

07 | 側辺の折り目を金槌で叩き、折りクセを付けます

POINT

04 | 二つ折りにした状態から、さらに側辺を折り返します。側辺の端が、2mm程中心の折り目より出るように折ります

08 | マチはこのように「W」型に加工しておきます

フラップの製作

05 | 折り返した側辺の折り目を金槌で叩いて、しっかり折りクセを付けます

01 | フラップは表、裏、芯の3つの材料を組み合わせます

119

各部品の製作

02 | フラップの裏側部品の床面に、プライマーを塗ります

POINT

03 | 芯材の剥離紙を剥がし、フラップの裏側部品と貼り合わせます

04 | ジャンパードットの取り付け穴の位置がずれないように注意して、全面を貼り合わせます

05 | フラップの裏側部品と芯材を貼り合わせたら、ジャンパードットのアタマを用意します

06 | 芯材と貼り合わせたフラップの裏側部品の床面に、ハイボンを塗ります

07 | フラップ表側部品の床面にも、ハイボンを塗ります

08 | フラップの裏側部品にあけてある穴に、ジャンパードットのアタマをセットします

09 | ジャンパードットをセットしたら、フラップの表と裏を貼り合わせます。まず片側の先端位置を合わせて1/4程貼り合わせます

LONG WALLET WITH THROUGH GUSSET

POINT

10 | 次に反対側の端を合わせて、1/4程貼り合わせます。フラップは表と裏で長さが違うため、中央部分が浮きます

13 | 型紙にある縫い合わせの基点をフラップの表側に印します

POINT

14 | ミシンの押さえを、幅の狭いタイプの押さえに交換します

11 | フラップを内側に曲げながら、表と裏を貼り合わせます。貼り合わせると、フラップは内側にカーブした状態になります

15 | 13で付けた基点から、反対側の基点までフラップの周囲を縫い合わせます

12 | フラップの全面を貼り合わせたら、金槌で叩いて圧着します

16 | フラップの周囲を縫い合わせたら、電気ペンで糸を始末します

121

各部品の製作

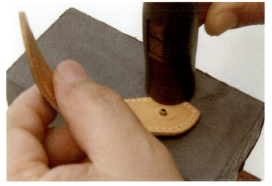

17 | フラップの縫い目を金槌で叩いて、縫い目を落ち着かせます

18 | フラップの表裏を縫い合わせた状態です

POINT

19 | カシメ機にジャンパードットのバネに合わせたコマをセットし、下側には保護用の革を貼った受けをセットします

20 | フラップに取り付けてある頭にバネをセットして、カシメて留めます

21 | フラップにバネを取り付けた状態です。表側にはアタマの形が浮き出ます

22 | フラップのコバをヤスリで削って、面取りと成形をします

23 | フラップのコバは、ここで仕上げておきます。まずコバにCMCを塗ります

24 | CMCを塗ったコバを、マイクロファイバーウエスで磨きます

LONG WALLET WITH THROUGH GUSSET

25 | 続けてウッドスリッカーでも磨きます。コバの具合を見ながら、磨く道具を使い分けましょう

29 | ウッドスリッカーで磨いたら、マイクロファイバーウエスで磨いてコバを仕上げます

26 | 最後に表裏両面からマイクロファイバーウエスで磨きます

30 | 本体に取り付ける前に、フラップはここまで仕上げておきます

本体の製作

27 | CMCで磨いたコバに、トコノールを塗ります

28 | トコノールを塗ったコバを、ウッドスリッカーで磨きます

01 | 本体と粗裁ち状態の本体裏貼り部品を用意します

02 | 本体の床面にノーテープのプライマーを塗ります。縁から5mm程の部分には、塗らないようにしましょう

各部品の製作

03 | 裏貼りの床面にも、本体よりもひと回り小さな範囲でノーテープのプライマーを塗ります

04 | 本体と裏貼り両方の床面に、ハイボンを塗ります。ハイボンは部品の端までしっかり塗り、半乾きにします

POINT

05 | 本体と裏貼りは曲げ貼りするので、片側半分程に紙を入れて貼り付かないようにして、残り半分を貼り合わせます

06 | 半分貼り合わせた所で間に挟んだ紙を外し、本体を折り曲げながら貼り合わせていきます

07 | 全面を貼り合わせたら、ローラーをかけて圧着します

08 | 本体側を上に向けて、裏貼りを本体の形に合わせて裁断します

LONG WALLET WITH THROUGH GUSSET

本体の裏貼りを終えた状態です

09

フラップの取り付け

01 本体に型紙を合わせて、フラップとジャンパードットのゲンコの取り付け位置を印します

フラップの本体取り付け側に、仮留め用の5mm幅の両面テープを貼ります

02

04 本体の裏側からホソをセットし、ゲンコを被せてカシメます。手で回した時にゲンコが回らないことを確認しておきます

03 ジャンパードットのゲンコの取り付け位置に、直径3mmのハトメ抜きで穴をあけます

05 本体に印した取り付け位置に合わせて、フラップを両面テープで貼り付けます

各部品の製作

06 | フラップを仮留めにした状態で、フラップを閉じた時に、ジャンパードットの位置が合うことを確認しておきます

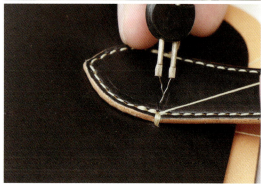

07 | フラップを本体と縫い合わせます。先にフラップだけを縫っている縫い目とは2目重ね、外側にも1回かがって糸を始末します

08 | 縫い目を金槌で叩いて落ち着かせます

10 | 本体の裏側の周囲を、縁から3mmの幅で全周荒らして貼り代を作ります

09 | フラップを本体に取り付けた状態です

LONG WALLET WITH THROUGH GUSSET

本体の仕立て

それぞれ製作した部品を組み合わせて、本体を仕立てます。このウォレットの特徴でもある通しマチは、引っ張って伸ばして形をあわせていきます。

本体と裏部品の貼り合わせ

01 | 本体と本体裏部品を貼り合わせていきます

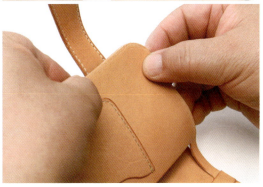

03 | 本体と本体裏部品を曲げ貼りします。両端を貼り合わせて、最後に曲げながら中央部分を貼り合わせます

02 | 本体裏側の貼り代と、本体裏部品の床面にハイボンを塗ります

127

本体の仕立て

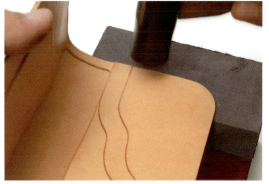

04 | 本体と本体裏部品を貼り合わせたら、貼り合わせた部分を金槌で叩いて圧着します

03 | マチの貼り合わせ部分にもハイボンを塗ります

本体と裏部品を、貼り合わせた状態です
05

仕切りとマチの縫い合わせ

01 | 先に小銭入れと縫い合わせておいた仕切りとマチを、縫い合わせていきます

p.116の17で荒らしておいた仕切りの貼り代に、ハイボンを塗ります
02

04 | 最初にマチのセンターと仕切りのセンターを合わせて貼り合わせます。カーブの部分はマチを引いて伸ばしながら貼ります

LONG WALLET WITH THROUGH GUSSET

05 | マチと仕切りを貼り合わせたら、貼り合わせた部分を金槌で叩いて圧着します

06 | 仕切りの上辺からはみ出したマチを、仕切りに合わせてカットします

07 | 06でカットしたマチの切り口に、CMCを塗ります

08 | CMCを塗った切り口を、ウッドスリッカーで磨きます

09 | 切り口をマイクロファイバーウエスで磨いて仕上げます

10 | 小銭入れをめくりながら、仕切りとマチを縫い合わせます。両側の縁には、2重に糸をかけておきます

11 | 縫い終えたら、電気ペンで糸を始末します

12 | 小銭入れの端をめくりながら、仕切りとマチの縫い目を叩き、落ち着かせます

本体の仕立て

仕切りとマチを縫い合わせた部分のコバにCMCを塗り、ウッドスリッカーで磨きます

13

ウッドスリッカーで磨いた上からマイクロファイバーウエスで磨き、コバを仕上げます

14

15 | 仕切りとマチを縫い合わせた状態です

本体とマチ縫い合わせ

01 | 本体裏側部品のカードポケット側に作った貼り代に、ハイボンを塗ります

02 | 本体とマチを貼り合わせていきます。仕切りの時と同様に、センター部分から貼り合わせていきます

LONG WALLET WITH THROUGH GUSSET

03 | 貼り合わせた部分を金槌で叩いて圧着します。マチ側からは叩けないので、段差を使って表側から叩きます

07 | 金槌で縫い目を叩き、落ち着かせます

04 | 貼り合わせた部分を含めて、本体の周囲を一周縫い合わせます。縫い始めは、フラップの下が良いでしょう

05 | 外側に縫い目が見える場所なので、慎重に縫っていきます。縫い終わりの部分は縫い始めの目に3目重ねます

08 | これで本体は完成です。フラップを閉じて、締り具合などを確認しておきます

06 | 周囲を一周縫い終えたら、電気ペンで糸を始末します

POINT

縫い始めの位置について

本体の周囲を縫い合わせる際は、縫い終わりの糸が重なる縫い始めの位置に気を使いましょう。ここで製作しているウォレットの場合、フラップが取り付けられているので、その下の部分が最も目立たないため縫い始めの位置に適しています。

仕上げ

縫い合わせた部分のコバを磨いて仕上げます。マチの裏側部分など面取りをしにくい場所もあるので、本体を傷付けないように注意して作業します。

01 | 本体周囲のコバを、豆カンナで面取りします。マチの表面などを削らないように、注意して作業しましょう

02 | 面取りをしたコバにヤスリをかけて、形を整えます。この際もマチ部分などに傷を付けないように注意しましょう

03 | 形を整えたコバをお湯で湿らせ、ウッドスリッカーとマイクロファイバーウエスを使って磨きます

LONG WALLET WITH THROUGH GUSSET

04 | お湯で湿らせて磨いたコバにCMCを塗り、ウッドスリッカーとマイクロファイバーウエスで磨きます

POINT

06 | コバをCMCで磨いたら、マチの形を整えて、金槌で叩いてマチの形を定着させます

05 | マチの部分はギン面にCMCを付着させないように、マチを開いて塗るようにしましょう

07 | マチの形を整えたら、コバにトコノールを塗ります

133

08 | トコノールを塗ったコバを、ウッドスリッカーとマイクロファイバーウエスを使って磨きます

09 | トコノールで磨いたコバに、ロウを擦り込みます

ロウを擦り込んだコバにマイペンαを当てて、ロウを熔かしてコバに染み込ませます

10

11 | ロウが染み込んだコバを、マイクロファイバーウエスで軽く磨いて仕上げます

完　成

12 | 完成です。かっちりと仕上げられたコバに収まる通しマチが、シャープなフォルムを生み出しています

ギャルソンロングウォレット

カブセを開くと大きなマチが口を開ける、オリジナリティの高いデザインのウォレットです。仕立後にウォッシュ加工をして、ビンテージ仕上げにすることで強い存在感を生み出しています。

オリジナリティ溢れる構造

マチで開く部分が多く、収納力の高いデザインです。構成する部品点数が多くウォレットとしては構造が複雑ですが、手順通りに作業を進めれば製作そのものは難しくは無いはずです。ウォッシュ加工は仕立て作業の後で行なうので、好みで行なわなくても良いでしょう。ウォッシュ加工をしない場合は、仕立て前にコバ磨きが必要です。

01 小銭入れの前後にマチが取り付けられていて、札入れ部分が広く開きます。また、ファスナーポケット自体の口も、左側に取り付けたれたマチの効果で広く開くようになっています　02 カブセ部分は大きなマチが付いており、小銭などを入れておくのに適したスペースが広く開き、ノンストレスで小銭を取り出せます

部 品

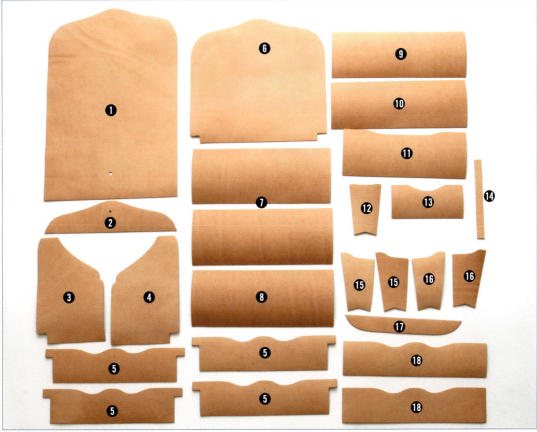

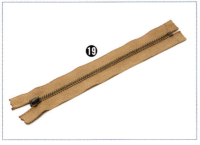

❶ **本体 表**：カブセ、背胴、前胴を兼ねます。1.0mm厚の革を使用

❷ **カブセ 裏**：本体裏のカブセ部分先端に付きます。1.0mm厚の革を使用

❸ **マチ大（右）**：背胴からカブセにかけて入るマチです。1.0mm厚の革を使用

❹ **マチ大（左）**

❺ **カード段 中**：一段目のカード段です。1.0mm厚の革で、4枚製作します

❻ **本体 裏**：本体の裏貼りになります。1.0mm厚の革を使用

❼ **カード段 基礎**：0.8mm厚の革から2枚切り出します

❽ **ポケット基礎**：ポケットの基礎になります。1.0mm厚の革を使用

❾ **ファスナーポケット 表**：小銭入れの表側になります。1.0mm厚の革を使用

❿ **ファスナーポケット 裏**：小銭入れの裏側になります。1.0mm厚の革を使用

⓫ **ポケット**：仕切りに取り付けます。1.0mm厚の革を使用

⓬ **ファスナーポケット マチ**：ファスナーポケットの左内側に付きます。1.0mm厚の革を使用

⓭ **カードポケット**：小銭入れ表側に付きます。1.0mm厚の革を使用

⓮ **引き手**：1.0mm厚の革を使用

⓯ **本体マチA**：右奥側と左手前側に入るマチです。1.0mm厚の革を使用

⓰ **本体マチB**：左奥側と右手前側に入るマチです。1.0mm厚の革を使用

⓱ **返し**：1.0mm厚の革を使用

⓲ **カード段 下**

⓳ **ファスナー**：ファスナーは上止めと下止めの間が150mmの物を使用します

⓴ **丸カン**：引き手用で、直径5mmです

㉑ **ホック ゲンコ**

㉒ **ホック ホソ**

㉓ **革ワッシャー**：バネの裏側に来る部品。0.5mm厚の革を使用

㉔ **ホック バネ**

㉕ **ホック ハンシャ**

仕立ての手順

各部品の仕立て1

カード段、小銭入れ、本体表裏、マチ、仕切りといった最小単位で、それぞれの部品を仕立てます。部品の取り付け位置や方向を間違えないように注意しましょう。

部品の漉き加工

01 漉き機を使って、各部品を漉き加工します

カード段の貼り合わせ

01 カード段中の底辺に、3mm幅の両面テープを貼ります

02 カード段基礎のカード段が取り付けられる部分の端に沿って、3mm幅の両面テープを貼ります

漉き加工の終了した各部品です。半分程の厚みに、斜め漉きしておきます

02

GARCON LONG WALLET

03 | カード段基礎に両面テープを貼った状態です

02 | ポケットの底辺と両側辺にも3mm幅の両面テープを貼り、センターの位置を合わせてポケット基礎と貼り合わせます

p.138の01で貼った両面テープの剥離紙を剥がし、位置を合わせてカード段基礎に貼り合わせます

04

本体構成部品の下準備

01 | ポケットに刻印を打ちます。ウォッシュ加工することを踏まえて、耐水インクを着けて刻印を打ちます

03 | カードポケットの側辺に3mm幅の両面テープを貼り、小銭入れの表側に来る側の部品と貼り合わせます

各部品の仕立て1

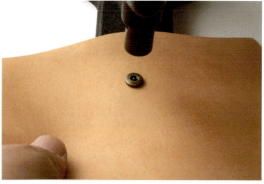

07 | 本体のバネの取り付け位置の裏側からハンシャの先端を出して、バネと組み合わせてカシメで留めます

04 | カブセの返しの底辺（直線の辺）に沿って床面に3mm幅の両面テープを貼り、本体裏側部品に貼り合わせます

本体にバネを取り付けた状態です

08

05 | ホックを取り付けます。ゲンコの裏側には革ワッシャーを入れて、ゲンコの周りを少し盛り上げます

09 | 革ワッシャーを通したホソを、カブセの裏貼り部品の床面側から取り付け穴にセットします

06 | カシメ機にバネと組み合わせるハンシャをセットします

カシメ機にセットして、ゲンコをホソの先端に被せてカシメます

10

GARCON LONG WALLET

11 | カブセの裏貼り部品に、ホックのゲンコを取り付けた状態です

12 | マチ大の底辺と側辺に3mm幅の両面テープを貼り、上辺には5mm幅の両面テープを貼ります

14 | 本体のマチに両面テープを貼ったら、1枚だけ形の違うファスナーポケットのマチにも同様に両面テープを貼ります

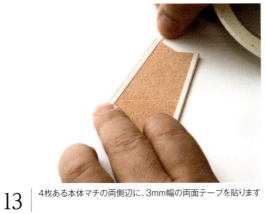

13 | 4枚ある本体マチの両側辺に、3mm幅の両面テープを貼ります

15 | ギン面を内側にして、マチ大を写真のように斜めに折ります

各部品の仕立て1

16 | マチ大を折ったら、金槌で叩いて折りクセを付けます。他のマチは縦に二つ折りにして、金槌で叩いて折りクセを付けます

17 | マチ大はこのような形になります。もう片側も同様に（折る方向は逆になります）折っておきます

18 | 本体のマチは片側2枚ずつ、このように縦に二つ折りにします

19 | ファスナーポケットのマチも、縦に二つ折りにします

本体裏部品の貼り合わせ

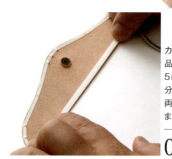

01 | カブセの裏貼り部品の直線部分には5mm幅、曲線部分には3mm幅の両面テープを貼ります

GARCON LONG WALLET

02 | 本体裏部品にマチ大を合わせて、取り付ける位置を確認します

03 | 先に貼っておいた返しとマチ上辺の線が揃うように、マチの取り付け位置を決めます

POINT

04 | マチに貼った両面テープの上辺と、側辺の上4cm程の剥離紙を剥がします

05 | 02・03で決めた位置に合わせて、マチを本体裏部品に貼り合わせます

06 | マチ大と本体裏側部品を貼り合わせた状態です

07 | カブセの裏貼り部品を、返しとマチに5mm被せて貼り合わせ、金槌で叩いて圧着します

小銭入れの貼り合わせ

01 引き手を作ります。引き手の製作方法は、p.103〜106を参照してください

POINT

ファスナーについて

ファスナーは必要な長さの物を手に入れることもできますが、量産をするのであれば長い物をカットして使ったほうがコスト的には有利です。同じファスナーを利用する頻度を考えて、適した方を選びましょう。

02 長さ150mm（上下止めの間隔）のファスナーを用意します

03 ファスナーのスライダーの隙間から、引き手を取り付けます

04 引き手をスライダーに通したら、ペンチ（先端に傷防止のガードが付いたもの）で潰してスライダーの隙間を閉じます

POINT

05 ファスナーテープ裏側の端に長さ20mmで5mm幅の両面テープを2枚貼り、20mm斜めに折り返して貼ります

GARCON LONG WALLET

06 | ファスナーテープを折り返して貼ったら、金槌で叩いて圧着します

08 | ファスナーテープの加工が終了した状態です

ファスナーテープの両側辺に、5mm幅の両面テープを貼ります

09

10 | 両面テープを貼ったファスナーと、ファスナーポケットの裏側部品（カードポケットを貼っていない側）を用意します

07 | ファスナーテープからはみ出している折り返し部分をカットして、ライターで炙ってほつれ止めします

11 | ファスナーポケット床面を漉いてある側を下止め側にし、ファスナーポケットの裏側部品をファスナーテープと貼り合わせます

各部品の仕立て1

ここまでに製作した、両面テープで仮留めした各部品です。カード段は2つ製作します

12

各部品の縫製

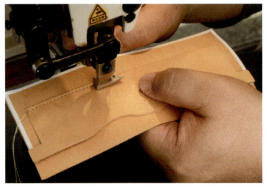

01 カード段中の底辺を、カード段基礎と縫い合わせます

03 ポケットは両側辺を基礎と縫い合わせます

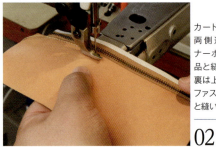

カードポケットは両側辺をファスナーポケット表部品と縫い合わせ、裏は上辺を縫ってファスナーテープと縫い合わせます

02

本体裏部品は、カブセの裏貼りの底辺（直線部）を縫い合わせます。各部を縫い終えたら、電気ペンで糸を始末します

04

146

GARCON LONG WALLET

08 | ポケット基礎とポケットの一次加工も、ここで完了です

ファスナーポケットとカード段の製作

05 | 糸を始末したら、縫い目を金槌で叩いて落ち着かせます

POINT

06 | ファスナーポケットとファスナーの縫い目を落ち着かせる際は、ファスナーのムシを叩かないように注意します

カードポケットを縫い合わせたファスナーポケット表側部品と、ファスナーテープを貼り合わせます

01

07 | 本体裏側部品の一次加工は、ここで完了です

02 | 一段目のカード段中と縫い合わせたカード段基礎に、二段目のカード段中を貼り合わせます

各部品の仕立て1

03 | ファスナーテープとファスナーポケット表側部品を、貼り合わせた状態です

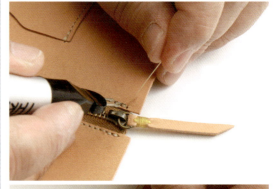

04 | カード段基礎に二段目のカード段中を貼り合わせた状態です

07 | 縫い終えたら、電気ペンで糸を始末します

二段目のカード段中の底辺を縫い合わせます

05

06 | ファスナーポケット表部品の上辺を、ファスナーテープと縫い合わせます

08 | 縫い目を金槌で叩いて落ち着かせます。ファスナーのムシを叩かないように注意しましょう

GARCON LONG WALLET

09 カード段は、この下にカード段下を取り付けます

10 ファスナーポケットはこれで一次加工が完了です

カード段の製作

01 カード段基礎に貼っておいた両面テープから、剥離紙を剥がします

02 カード段中の袖部分と、カード段下の周囲を両面テープでカード段基礎に貼ります

03 貼り合わせた部分を金槌で叩いて、圧着します

04 裏側から見て、カード段基礎からはみ出している部分を裁断します

05 カード段基礎に、3枚のカード段を貼った状態です

06 カード段のセンターに、縫い線を引きます

各部品の仕立て1

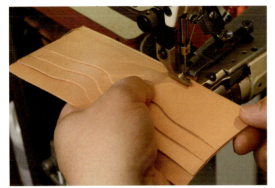

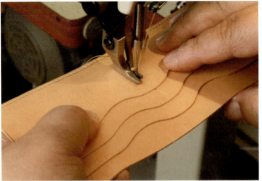

07 | 一つだけ底辺を縫い合わせ、両方共06で引いた縫い線に沿って、カード段を縫い合わせます

08 | カード段のセンター部分を縫い終えたら、糸を始末します

09 | カード段センターの縫い目を金槌で叩いて、落ち着かせます

10 | カード段は2つ製作しますが、片方のカード段だけ底辺を縫い合わせておきます

各部品の仕立て2

それぞれに仕立てた最小単位の部品を組み合わせて、ユニット化していきます。どこにどの部品を取り付けるのか、よく確認しながら作業していきます。

本体表とカード段

01 | 本体と底辺を縫い合わせた方のカード段を用意します

02 | カード段床面の、底辺と両側辺に5mm幅の両面テープを貼ります

GARCON LONG WALLET

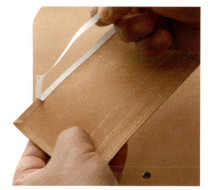

03 | カード段基礎に貼った両面テープの剥離紙を剥がします

04 | 本体の底辺にカード段の上辺を揃えて、床面合わせで貼り合わせます

05 | 本体とカード段を貼り合わせた状態です

ファスナーポケット

01 | ファスナーを挟む形で縫い合わせた、ファスナーポケットの周囲を貼り合わせます

02 | ファスナーポケットの、向かって左側に付くマチです

03 | マチをファスナーポケットの左側に合わせて、ミシンの縫い終わりの位置に印を付けます

04 | 向かって右側の側辺と底辺に、3mm幅の両面テープを貼ります

151

各部品の仕立て2

05 | 底辺の両面テープは、p.151の03で付けた印から先には貼りません

08 | 表と裏の部品を貼り合わせて、ファスナーポケットの形が完成します

本体裏とカード段、仕切り

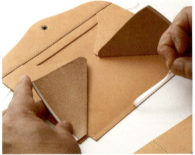

01 | 本体裏部品の底辺部分に、5mm幅の両面テープを貼ります

06 | 両面テープの剥離紙を剥がし、ファスナー部分で二つ折りにして表と裏の部品を貼り合わせます

07 | 側辺と底辺の端を合わせて貼り合わせ、圧着します

02 | 本体の底辺部分に6mm重ねて、底を縫っていない方のカード段を貼り合わせます

GARCON LONG WALLET

03 | 先にポケットと縫い合わせておいた、ポケット基礎を用意します

05 | 本体裏部品と貼り合わせたカード段の裏側に、ポケット基礎を貼り合わせます。ポケットの口が下を向くように貼り合わせます

04 | 仕切りの床面全周に5mm幅の両面テープを貼り、剥離紙を剥がします

06 | 本体裏部品を、表と裏から見たところです

各部品の仕立て2

01 | 本体の底辺を縫い合わせます。両端は4mm程縫わずにあけておきます

ファスナーポケットの底辺を縫い合わせます。ここは4mmあけて右から縫い始め、左側はp.151の03で付けた印までで止めます

02

03 | 本体裏部品のポケット基礎とカード段を貼り合わせた部分の、上辺を縫い合わせます

04 | 続けて下辺部分も縫い合わせて、部品を一体化します

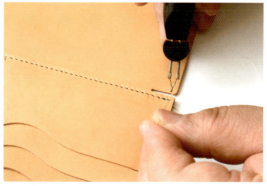

05 | 各部を縫い合わせたら、糸の始末をします

06 | 縫い目を金槌で叩いて落ち着かせます。カードポケットなどの段差部分は、強く叩きすぎないように注意します

本体表部品とカード段を縫い合わせた状態です

07

GARCON LONG WALLET

08 | 本体裏部品と、カード段、ポケット基礎を縫い合わせた状態を表裏から見たところです

09 | ファスナーポケットの底辺は、このようにマチが付く左側の方がコバからの距離が広くあいています

POINT

仕立ての順序を確認する

このウォレットは部品点数が多く、仕立てる順序も複雑です。手順を間違えてしまうと後から縫い合わることができない場所がほとんどなので、各部品の縫い合わせる場所をしっかり確認しておくようにしましょう。

本体の仕立て

それぞれに仕立てた部品を組み合わせて、本体を仕立てていきます。マチの取り付け位置や向きを、間違えないように注意しましょう。

本体とマチの縫い合わせ

01 | 本体と本体のマチ（左右1セット分）を用意します

02 | マチの長い方の側辺の剥離紙を剥がして、マチの上辺がカード段の上辺側に向くように貼り合わせます

155

本体の仕立て

03 | マチをカード段部分に貼り合わせたら、貼り合わせた部分を金槌で叩いて圧着します。反対側のマチも同様に貼り合わせます

04 | 本体を表にして、マチとカード段を貼り合わせた部分を縫い合わせます。上辺部分はコバに糸を二重にかけます

05 | 両側のマチとカード段の貼り合わせ部分を縫い合わせたら、電気ペンで糸を始末します

06 | 縫い合わせた部分を金槌で叩いて、縫い目を落ち着かせます

07 | 本体とマチを縫い合わせた状態です

本体表裏の貼り合わせ

01 | 本体の表と裏の部品を用意します

02 | 本体裏部品の床面側の周囲に、両面テープを貼ります。側辺部分は5mm幅、カブセ部分は3mm幅のテープを貼ります

GARCON LONG WALLET

POINT

03 本体裏部品の周囲に、両面テープを貼った状態です。縫い合わせた仕切り部分には貼らないので、注意しましょう

05 側辺の下1/3を貼り合わせたら、カブセの縁の位置を合わせて側辺の上1/3とカブセの周囲を貼り合わせます

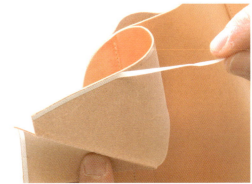

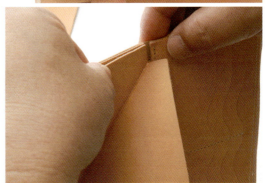

06 マチ大の側辺に貼った両面テープの剥離紙を剥がし、下1/3程を貼り合わせます

04 本体裏部品に貼った両面テープの剥離紙を剥がし、側辺の下1/3程を貼り合わせます

07 各部品は長さが微妙に調整されているので、貼り残した部分はこのように隙間ができます

157

本体の仕立て

08 | 本体を内側に曲げながら、部品同士の隙間があいている部分を貼り合わせます

12 | 縫い目を金槌で叩いて落ち着かせます

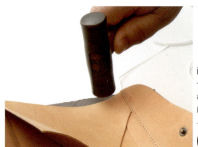

09 | 両面テープで貼り合わせた部分を金槌で叩いて、圧着します

10 | 本体の表裏とマチを貼り合わせたら、本体が表になるように周囲を縫い合わせます

13 | マチ大の底辺部分に貼った両面テープの剥離紙を剥がして、本体裏部品に取り付けた部品のカード段側と貼り合わせます

11 | 本体の周囲を縫い終えたら、電気ペンで糸を始末します

14 | カード段の裏側になる本体裏部品の下辺に取り付けた仕切り側に、本体マチを貼り合わせます

GARCON LONG WALLET

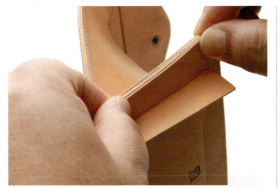

15 | マチ大と本体マチを貼り合わせた部分を、金槌で叩いて圧着します

16 | マチ大と本体マチを貼り合わせた部分を縫い合わせます。上辺側には二重に糸をかけます

17 | 両側を縫い合わせたら、電気ペンで糸を始末します

18 | マチ部分の縫い目を、金槌で叩いて落ち着かせます

ファスナーポケットの取り付け

01 | 最初に、ファスナーポケットとファスナーポケットのマチを貼り合わせます

02 | ファスナーポケットのマチに貼っておいた両面テープの剥離紙を剥がし、ファスナーポケットの左内側に貼り合わせます

本体の仕立て

POINT

03 | ファスナーポケットにマチを貼り合わせた状態です。ファスナーをあけた際に、口が大きく開きます

左側の本体マチに貼っておいた両面テープの、剥離紙を剥がします

04

05 | 仕切りと貼り合わせた側のカード段に縫い合わせた本体マチと、ファスナーポケットを貼り合わせます

06 | 本体を折り曲げて、本体側のカード段と縫い合わせたマチとファスナーポケットを貼り合わせます

POINT

07 | ファスナーポケットを本体の左側に引っ張り出します

08 | ファスナーポケットのマチを、片側ずつ縫い合わせます。糸を始末し、縫い目を金槌で叩いて落ち着かせます

GARCON LONG WALLET

09 | 左側の本体マチと、ファスナーポケットのマチを縫い合わせた状態です

10 | 本体右側のマチと、ファスナーポケットの右端を貼り合わせます

12 | マチとファスナーポケットを貼り合わせた部分を縫い合わせて糸の始末をし、縫い目を金槌で叩いて落ち着かせます

POINT

11 | 狭い場所を縫うことになるので、ミシンの押さえを幅の狭い物に交換します

13 | これでウォレット本体は完成です。ウォッシュ加工をしない場合は、p.163の仕上げ加工に進みます

ウォッシュ加工

仕立てたウォレット全体を水で濡らして乾かすことで、最初から使い込んだ感じを出すことができます。

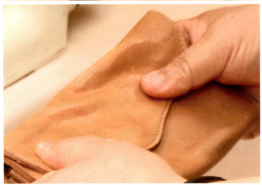

01 | ウォレット全体を水でしっかり濡らして、軽く揉み加工をします

02 | 適度に揉み加工をしてテクスチャーを付けたら、表面の水分を乾いたウエスで拭き取ります

03 | 外中共に表面の水分を拭き取ったら、扇風機の風に当てて表面を乾燥させます

表面がある程度乾燥したら、カブセを開いて内部に風が当たるように置き直して完全に乾燥させます

04

仕上げ

仕立てとウォッシュ加工が済み完全に乾燥させたら、縫い合わせた部分のコバをCMCで磨き、全体のギン面にワックスを塗って仕上げます。

コバ仕上げ

01 | カード段と本体を縫い合わせた部分のコバに、CMCを塗ります

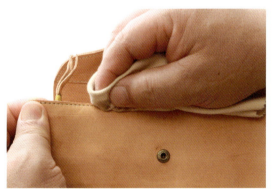

02 | CMCを塗ったコバを、マイクロファイバーウエスで磨きます

03 | ウッドスリッカーも使ってコバを磨きます

04 | 最後にマイクロファイバーウエスで磨いて仕上げます

05 | 本体側面の、マチと小銭入れを縫い合わせた部分のコバにCMCを塗ります

06 | CMCを塗ったコバを、ウッドスリッカーで磨きます

07 | ウッドスリッカーで磨いたコバを、マイクロファイバーウエスで磨きます

仕上げ

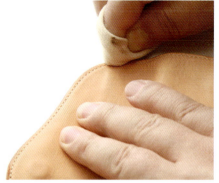

08 　本体の周囲のコバにもCMCを塗り、ウッドスリッカーとマイクロファイバーウエスを使って磨きます

11 　これでウォレット本体は完成です。コバの磨き忘れが無いように、確認しておきましょう

ワックス仕上げ

ワックスをウエスに含ませて、ウォレットの表面に塗ります。塗り忘れがちなマチの間から始めると良いでしょう

01

09 　マチ大のコバにCMCを塗ります。ここは革が薄いので、マイクロファイバーウエスだけで磨いて仕上げます

02 　次に内部部品の表面にワックスを塗ります

10 　反対側のマチ大のコバも同様に、CMCとマイクロファイバーウエスで磨きます

最後に表面にワックスを塗ります

03

GARCON LONG WALLET

ワックスの塗り残しが無いように、確認しながら作業を進めます

04

05 | 全体にまんべんなくワックスを塗ったら、少し置いておきます

乾拭き

ワックスが落ち着いたら、乾いたウエスで乾拭きしていきます

01

02 | しっかり磨いていくことで、表面のアタリやツヤが深くなります

完 成

03 | 完成です。カブセ部分に大きく開くマチが付いていて、幅広い使い方ができるウォレットです

本物の「職人」が
生み出す革製品

kawacoyaは、様々なブランドの革製品をOEM製作している、いわゆる「受け仕事」をメインにした革工房です。代表兼職人の松澤氏と職人の奥氏の2人を中心に、年間で数千個という単位のアイテムを製作しており、その製作技術と生産能力の高さは国内でも有数のものと言えます。

SHOP DATA
kawacoya
千葉県市川市大野町3-1960-12
Tel.047-339-7775

Kuniyuki Matsuzawa
松澤 邦幸

革工房に職人として勤めた後に独立し、kawacoyaを立ち上げる。職人としての技術はもちろん、その温和な人柄も多くのブランドから信頼を得ている理由のひとつです

職人松澤邦幸が生み出す「AUTHEN」

最高級文房具のブランドである「KNOX（ノックス）」がリリースする「AUTHEN（オーセン）」の本革製システム手帳には、松澤氏のクラフトマンシップがつめ込まれています。松澤氏が選び抜いた革を材料に作られる製品は、シンプルなスタイルでありながら、使い込めば使い込むほど味が出て革としての魅力が増していきます。組み合わされる金具も当然一級品であり、その完成度を上げるひとつの要素となっています

製品の製作だけでは無く製作のためのツールもプロデュースする

革職人としての松澤氏はあくまでも裏方の存在ですが、唯一職人としての松澤氏を全面に押し出しているのが「KNOX（ノックス）」ブランドが展開する「AUTHEN（オーセン）」シリーズです。上質な革と金具の組み合わせで作られるシステム手帳シリーズは、これまでに無い強い存在感を持ったアイテムとして手帳業界に新風を吹き込みました。

職人という立場から、道具にもこだわりの強い松澤氏は、自らの経験から道具も考案しています。特にこだわるコバ仕上げのために使用している、nijigami tool製のウッドスリッカーProと、仕上げ用に使うレザークラフト クロスは、SEIWAから製品化されています。

革職人しての技術の高さはもちろん、アイテムからツールまで手掛けるプロデュース力も兼ね備えた松澤氏は、革業界の先端を行く存在です。

松澤氏が考案し、nijigami toolが製作するウッドスリッカーProは、職人のアイデアが詰め込まれた最高のコバ仕上げをするためのアイテムです

コバの仕上げ用のレザークラフト クロスも、松澤氏が考案したアイテム。帆布や綿布よりも目が細かく丈夫で、磨きやすく仕上がりも美しくなります

型紙

- コピーしたものを、ゴムのりや固形のりでケント紙などの厚紙に貼り付け、裁断して使用してください。
- 使用する革の種類や厚みにより調整が必要になる場合があります。
- この型紙を使って製作した作品や、型紙を複製して販売することは禁止されています。型紙は個人で楽しむ範囲でご使用ください。

通しマチコインケース	P.18

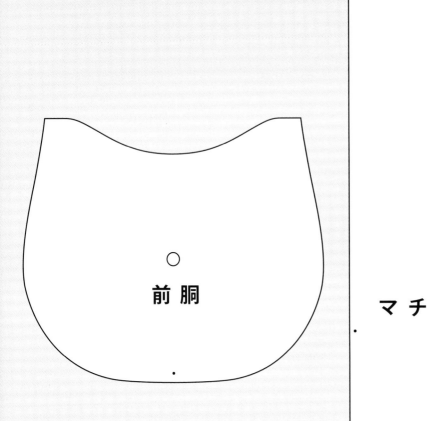

本体裏貼り　155×90mm

前胴あら型（表・裏）　80×90mm

二つ折り財布　p.37

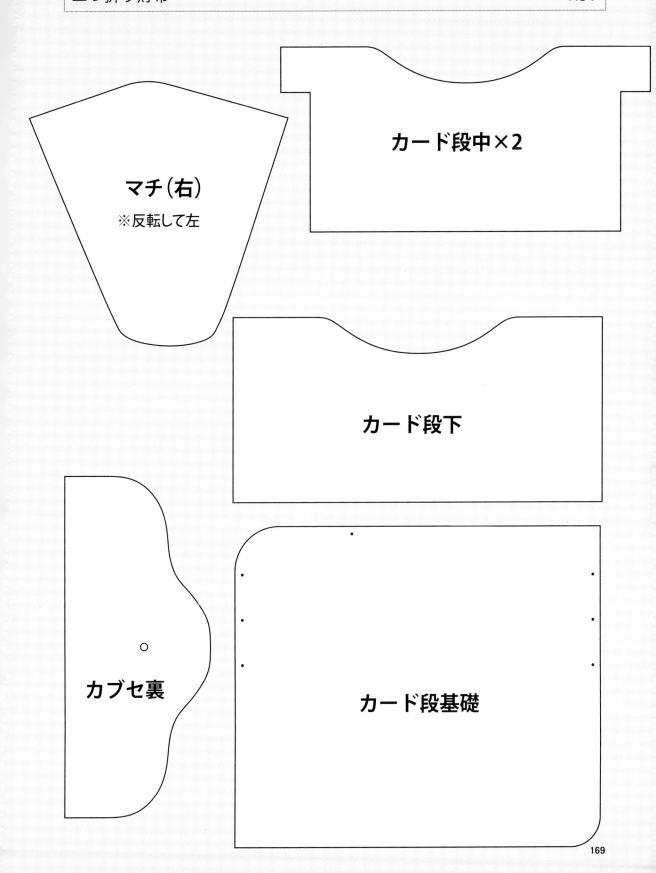

二つ折り財布　　　　　　　　　　　　　　　　P.37

本体あら型　270×120mm

小銭入れ裏貼り　210×100mm

三角マチウォレット　p.71

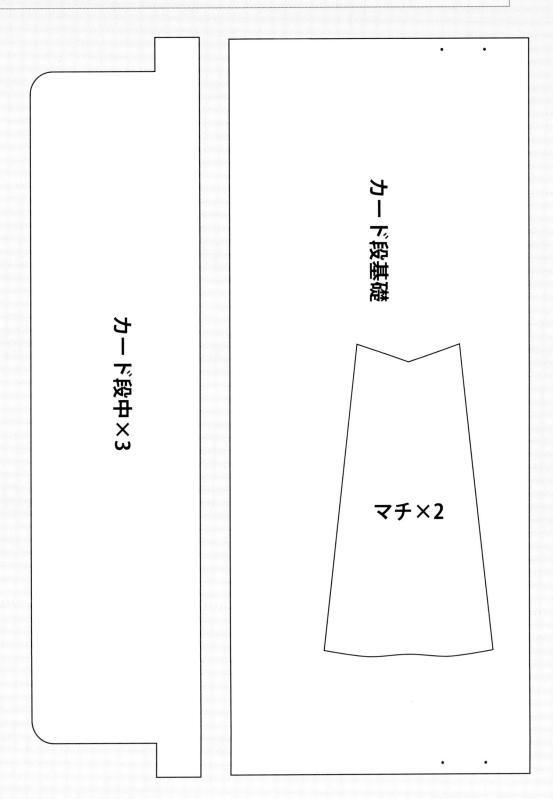

本体裏貼り 190×205mm

カード段基礎裏貼り 90×205mm

通しマチロングウォレット　　　P.95

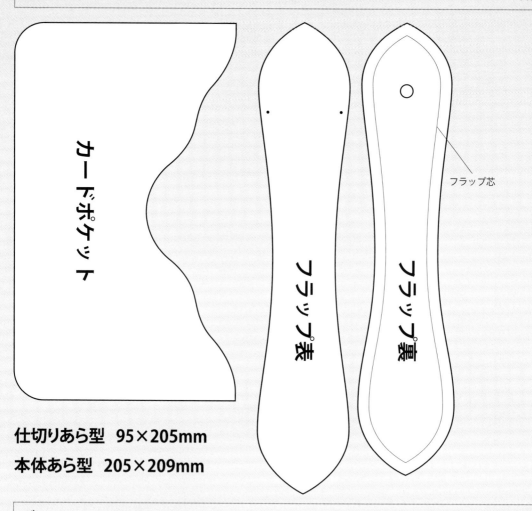

仕切りあら型　95×205mm
本体あら型　205×209mm

ギャルソンロングウォレット　　　P.135

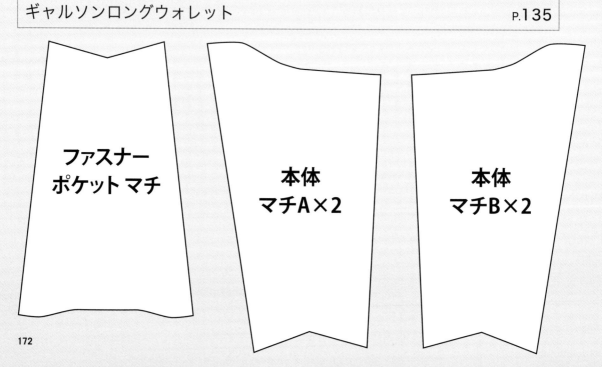

ギャルソンロングウォレット　　P.135

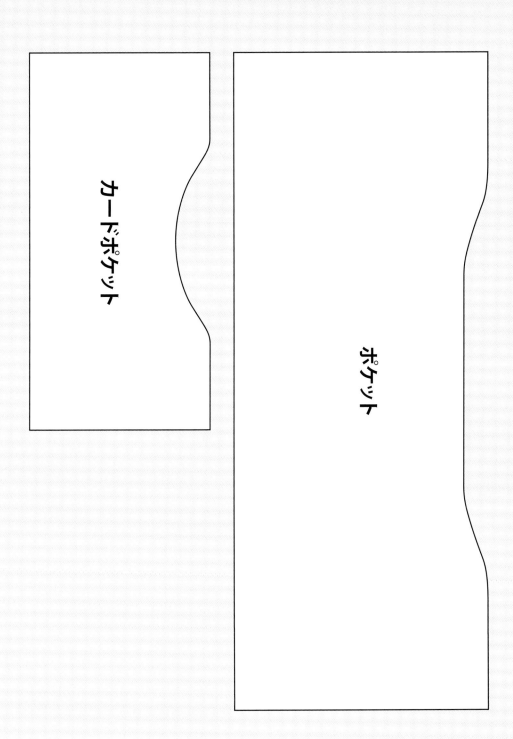

ギャルソンロングウォレット   P.135

ファスナーポケット 表

ポケット基礎

ギャルソンロングウォレット　P.135

ファスナーポケット 裏

カード段基礎×2

一流の革職人に学ぶ

極上の革財布

2018年8月5日　発行

STAFF

PUBLISHER
高橋矩彦　Norihiko Takahashi

EDITOR
後藤秀之　Hideyuki Goto

SUPERVISOR
松澤邦幸　Kuniyuki Matsuzawa(kawacoya)

DESIGNER
小島進也　Shinya Kojima

ADVERTISING STAFF
久嶋優人　Yuto Kushima

PHOTOGRAPHER
小峰秀世　Hideyo Komine
梶原　崇　Takashi Kajiwara (Studio Kazy Photography)

PRINTING
中央精版印刷株式会社

PLANNING,EDITORIAL&PUBLISHING
(株)スタジオ タック クリエイティブ
〒151-0051　東京都渋谷区千駄ヶ谷 3-23-10 若松ビル2階
STUDIO TAC CREATIVE CO.,LTD.
2F,3-23-10, SENDAGAYA SHIBUYA-KU,TOKYO
151-0051　JAPAN

〔企画・編集・広告進行〕
　Telephone 03-5474-6200　Facsimile 03-5474-6202

〔販売・営業〕
　Telephone & Facsimile 03-5474-6213

URL http://www.studio-tac.jp
E-mail stc@fd5.so-net.ne.jp

1808A

┌─ 警告　CAUTION ─────────────
■ この本は、習熟者の知識や作業、技術をもとに、
　編集時に読者に役立つと判断した内容を記
　事として再構成し掲載しています。そのため、
　あらゆる人が作業を成功させることを保証す
　るものではありません。よって、出版する当社、
　株式会社スタジオ タック クリエイティブ、お
　よび取材先各社では作業の結果や安全性を
　一切保証できません。また、本書の趣旨上、使
　用している工具や材料は、作り手が通常使用
　しているものでは無い場合もあります。作業
　により、物的損害や傷害の可能性があります。
　その作業上において発生した物的損害や傷害
　について、当社では一切の責任を負いかねま
　す。すべての作業におけるリスクは、作業を行なう
　ご本人に負っていただくことになりますので、
　充分にご注意ください。
■ 使用する物に改変を加えたり、使用説明書等
　と異なる使い方をした場合には不具合が生じ、
　事故等の原因になることも考えられます。メー
　カーが推奨していない使用方法を行なった場
　合、保証やPL法の対象外になります。
■ 本書は、2018年6月27日までの情報で編集され
　ています。そのため、本書で掲載している商品
　やサービスの名称、仕様、価格などは、製造メー
　カーや小売店などにより、予告無く変更される
　可能性がありますので、充分にご注意ください。
■ 写真や内容が一部実物と異なる場合があります。
└────────────────────────

STUDIO TAC CREATIVE
(株)スタジオ タック クリエイティブ
©STUDIO TAC CREATIVE 2018 Printed in JAPAN
● 本書の無断転載を禁じます。
● 乱丁、落丁はお取り替えいたします。
● 定価は表紙に表示してあります。

ISBN978-4-88393-825-4